漫才過剰考察

これまで

全てに流されて生きてきた。
何も確固たるものを持たずに大人になってしまった。

物心ついたくらいで両親が離婚して再婚して、家族がよく分からなかった。
細かい引っ越しを繰り返したので、地元がよく分からなかった。

しばらくして定住した東京都・練馬区の町には商店街がなかった。
TSUTAYAもラーメン屋もゲームセンターもなかった。
家にはスピーカーも車もないので音楽の影響を受けなかった。

幸せとは感じなかった。でも不幸も語れなかった。

勉強はできたが好きになれなかった。
だから周囲に期待されたほど学力は伸びなかった。

周りに合わせて中学受験をして、第2志望に行った。
ラグビー部で6年間それなりにやったけど、引退のときは一人だけ泣けなかった。
勉強の貯金はもう尽きて、ずっと学年ビリだった。
だから現役ではもちろんどこにも受からなかった。
でも進学を諦めて就職したい地元もなかった。

愛を持って懸命に努力していないから、その分もちろん報われなかった。
焦りは感じた。でも寝たら忘れた。
このままゆるい不幸せがダラっと続いて死んでいくと思っていた。

ラグビー部のみんなが浪人するというからした。

そこそこ鉛筆を握ったが、気がつくとラクガキをしていた。

少し絵が上手くなったが、人に見せるほどではなかった。

部活のために無理やり食べて大きくなった体はだいぶしぼんだ。

首の周りの皮が余ったが、骨まで透けることはなかった。


何の手応えもないまま迎えた受験当日、大雪が降って交通機関がマヒ、試験時間が大幅に変更になった。

長靴だらけの教室で疲れ切ったみんなが頑張ってペンを走らせていた。

僕は暖房の効きすぎと満腹で眠くなってしまったので、いつの間にか寝てしまった。

気がつくと試験時間は残り少なく、慌てて埋めた答案用紙は手汗でくしゃくしゃになっていた。


なぜか合格していた。

衝撃だった。

おかしい。

自分は報われていいような人間ではない。

神様が何か使命を与えているんじゃないかと思った。


だが人間はそう簡単に変わるものではなかった。

相変わらず勉強は嫌いなので単位は取れないし、勧められて入ったお笑いサークルでもそこまで熱心にネタづくりなどできなかった。

大学は中退して、お笑いサークルの大会では優勝できなかった。


先輩の背中を追ってNSCに入り、卒業後のプロ人生を楽に進めるために首席卒業を狙った。

未経験者が多い中、経験者としての余裕を見せつけるためにスーツを新調して38《サンパチ》マイクまでゆっくり歩いた。

初めてお笑いに戦略を持ち込んだ瞬間だった。

いい結果に繋がった。


でも達成感はなかった。

正しい努力ではなくズルをしている自覚があったから。

身なりなんか気にせずギリギリまでネタを磨いている奴こそ正しいと思っていた。

思っていたけど、そんな風には頑張れなかった。


プロになってからもズルはやめられなかった。

お客さん投票のライブで友達を１５０人呼んで優勝した。

手段は何でもいいから「すぐ上のランクに上がった奴」という称号さえあれば何とかなると思った。

実際何とかなった。すぐに単独ライブもやらせてもらった。

即完を装うために自腹で大量にチケットを購入し、友達に手売りした。

そういう虚仮威《こけおど》しを引っ提げてM－1に出た。

3回戦の会場は、先輩が立ち慣れてるルミネではなく新宿FACEという会場を選ぶことで勝つための不確定要素を増やした。

また上手くいった。

1年目で準々決勝に行けた。

これはいい貯金ができたぞ。

またダラダラ暮らそう。

なぜか準決勝に進出していた。

視聴者投票のワイルドカードという枠で進出となった。

衝撃だった。

流石におかしい。運営に問い合わせるも間違いじゃないと言われた。

投票するサイトのいちばん上に僕たちの動画が掲載されていたため自動再生され、それがカウントされて票数がバグったと散々言われたので確認したが否定された。

じゃあ本当になんでだよ。めちゃくちゃ友達多かったのか僕たちは。

ここであらためて使命を感じた。

「慶應でお笑いサークル入ってコンビ組んで1年目で準決勝」が神様に仕組まれたことで、どういう意味があるのか考えないといけないとビクビクし始めた。

準決勝を迎えた。

トップバッターでネタを終えて全組見学していると一つの答えに辿り着いた。

「ああ、この素晴らしい空間を維持するために、僕はここまで連れてこられたんだ」

そこからは夢中だった。
M－1のネタだけを考えて過ごせていた。
そもそも苦手だった特技やショートコントのオーディションには行かなくなった。

だって自分はM－1のために存在してるから。

2年目は準々決勝で終わったが去年より明確に笑いも取れた。
自分が笑いを取って落ちて、他の人が進んだ準決勝が素晴らしい分には最高だった。

3年目で夢は潰《つい》えた。
コロナが来て劇場が止まった。
変わらずM－1はあるというのに一人では何も動けなかった。
使命を果たせなくなり、怠惰な人生に戻るのも恐ろしく、希死念慮が止まらなかった。

呆然としていたら秋が来て、気がついたらＮＨＫ新人お笑い大賞の決勝だった。
ネタなど何もつくれていないので１年目でつくったネタをやった。
親知らずが腫れて口が指１本分しか開かなかったのでゆっくり喋った。
客席に高齢者しかいなかったのでほんの少しだけウケて優勝した。
西川きよし師匠に惑星最高の漫才師と呼ばれた。
言いすぎだと思った。
紙吹雪が舞ってＭＣのフットボールアワー後藤さんが言った。
「また来年お会いしましょう！　今年の優勝は……れ……レイワロ…マンでした！」
言えてなかった。でも優勝してしまった。

衝撃だった。まだ使命があるというのか。

こんなコンディションなのにまだ漫才をやれというのか。
あんまりだ。でも優勝によって給料が増えて、ちょうどコロナでクビになったバイトの代わりのウーバーをやめられた。
三度も偶然に生かされた。もう迷いようがない。
これは運命だと決めた。

M－1の役に立とうと思った。

再スタート。劇場の仲間にも目を向けて自分が知ってることは何でもアドバイスした。
全国の劇場を巡りながら少しずつ寄席のネタもレベルアップしていった。
M－1の予選でアウェー感が出ないよう、なるべくテレビ出演も断った。
ボケらしくない見た目から脱却するためにパーマとメガネをかけた。
自分の使えるガワの技術で漫才に貢献しながら生かさせていただこうと。

ABC準優勝。いいね。
M－1敗者復活。2位。いいよ盛り上がったよ。

初めてのM－1決勝、トップバッター。来たぞ。
ここから始まる俺たちのM－1戦士生活。

終わってしまった。
優勝してしまった。

衝撃だった。
もういいよ。何回受けるんだよ衝撃。
まだ何も完成していないのに。
漫才師として足りてないものが多すぎるのに。
何したらいいんだよ今度は。

テレビか？　YouTubeか？

いや、今さらそんなはずはない。
だったら初めからそうしてるはずなんだよ。

ということは漫才師としての使命は継続中。
何か違う形で漫才の役に立てということか？
これまで僕がやってきたのは、あれこれ戦術を考えること。
そして、自分を実験台にして実行すること。
それが優勝という形でゴールを迎えた今できるのは、その戦術を他人に伝えること？
そんなことして何になる。お前みたいな奴を増やす気か。
いや、お前みたいな奴多いな最近。
やっぱり何か意味がある。やってやろうじゃねえか。全部書くよ。
何も残らないほど書くよ。

M－1を、漫才を取り戻せ。

もくじ

インタビュー

２０２３年12月14日 13時30分
決勝10日前

――「Ｍ－１グランプリ」決勝初進出おめでとうございます。準決勝から決勝までの２週間程度の期間は主に何をしているんでしょう？

決勝はファーストラウンドと最終決戦で２本のネタをやらないといけないんで、どれをどういう順番でやるかを今は考えてます。単純にいうと「このネタを見た後にこっちのネタを見たら、どういう気持ちになるか」を考えなきゃいけないじゃないですか。だから今、劇場で10分出番をいただけたら４分ネタを２本やって、そこでいろいろ試してます。それも自分たちがやろうかと思っている２本の組み合わせじゃなくて、自分たちのネタの中でさや香さんっぽいネタを1本目にやってみて、その後に俺らの準決のネタをやったらどうなるか、真空（ジェシカ）さんっぽいネタをやった後ならどうなるか……って勝手にシミュレーションしてますね。初めての決勝だから分からないことだらけで考えすぎているところもあるんですけど、2本やるとなると今までの何十倍もの作業が必要になってきてびっくりしてます！

――決勝でかけるネタを仕上げていく時期というイメージだったんですが、それよりもネタ選びに焦点を当てているんですね。

はい。正直、M－1決勝という場を考えると細部をそんなに突き詰めるのも違うのかなって。やっぱりテレビ番組なんで、後ろのセットがキラキラしていたり事前のVTRがあったり審査員がいたりして、お客さんが見たときに〝劇場〟として100％の超いい空間ではないと思うんですよ。なので、マイムみたいな細部を進化させてもあの場においては伝わらない可能性が高いと俺は思ってます。カメラのスイッチングもあってテレビ中継として全部見えていないことも多いだろうから、それよりは全体の流れの方がウエイトがでかいのかなと。

そもそも俺らは決勝に行ったことがないから〝仕上げる〟って作業自体ができないんですよ。ファイナリストの経験がある人はM－1の舞台を知ってるから仕上げ方を分かっていると思います。「決勝の空気はこうだから、このボケよりこっちがいいんじゃないか」みたいに考えられるから今それをやっているんでしょうけど、俺は実際にはあの場所を知らないので。だから自分たちに関して何かするよりも、他者だったり全体的なことだったりを予測する方が正しい努力かなと勝手に思って、過去のM－1を見返したりしてます。スマホでWikipedia見ながら再生して「ここで点数がこうだったのか」「なんでここまで爆発が起きなかったんだろう」って考えてますね。

——2本のネタの組み合わせという点で、自分たちにとって特に参考になりそうな組はいましたか？

その年の最若手というところで2018年の霜降り（明星）さんがいちばん自分たちに近いから、優勝する可能性を考えるなら参考にするべきだと思いました。霜降りさんは1本目が「豪華客船」のネタで、2本目が「小学校の思い出」のネタだったじゃないですか。あれって順番でいうと2本目の方が先にできていて「ABCお笑いグランプリ」も獲ったネタなんですよ。だから普通は先に「小学校」の方をやりたくなると思うんです。だってそっちが先にできていたわけだし、「豪華客船」の方がお笑い度が高くてちょっと繰ったボケだから。でもそれをあえて1本目にやったことで、最終決戦で「小学校」をやって優勝できているのがすごい。安心感という意味で、あれが2本目だったのがよかったんだろうなと思います。

——なるほど。

でもこれは結果論なんですよ。ファーストラウンドが1位通過だったのがよく働いたと思うんです。2、3位だった場合は最終決戦で1番手2番手でネタをやって、ファーストラウンド1位の組をまくらなきゃいけないじゃないですか。もしそうなっていたら、「小学校」のネタより一個先のことを言っている「豪華客船」が2本目の方がよかったと思う。でも1位で通過して最後に出てきて横綱相撲を取れたから、むしろ安心感があるのが強かった。結果的に和牛さんといいスタイルウォーズになったと思います。あのときの和牛さんの「オレオレ詐欺」のネタは2023年現在でも未だに最新の漫才ですよ。台詞なく睨《にら》み合って終わるって、すごすぎる。その新しさに対して同じ新しさでぶつかるんじゃなくて、安定感という別の軸で勝負できたのが勝因だったんだろうなと勝手に思ってます。

僕らも決勝初進出で最若手で僕だけ20代っていうのもあって、お客さんを不安にさせないことが本当に大事だと思うんで、1本目で新しさを見せて勝てたらその後はどっしりしたものを用意できたらいいですよね。でも1本目で1位じゃなかったらさらに伸びしろが必要だからもっともっと広がっていくようなネタにしたい。……みたいなことを考えていると、本当に無限に準備をしなきゃいけないんですよ。

――自分たちがトップバッターのパターンはどう想定してますか？

これはある種の言い訳的に先に言っておきたいのかもしれないけど、そうなったらめっちゃ変なネタをやりたいです。それは勝つためにって意味で。今年（2023年）の「キングオブコント」ではカゲヤマさんがトップバッターで最終決戦に残ったじゃないですか。あれって要は1番手でインパクトを与えて後ろの組にダメージを与えるっていう勝ち方だった。もちろんあのネタがカゲヤマさんのスタイルだから、そこを狙ってやったわけじゃないですけど、後に続くコントがパワーダウンして見えるかのようなアナーキーさとパワフルさがありました。僕らもなるべく突飛なネタをやって違和感を残らせるようにしたいなと思いますね。

――現時点でネタ候補はどれくらい絞っているんですか？

序盤だったらフラットなネタ、そこまで爆発がないまま4～6番手で出番が来た場合はちゃんとピークをつくれるようなパワー系、爆発が来て波が去った後だとエアポケットになりやすいから空気が重いことを前提にして確実なネタ……とかいろいろ考えて、とりあえず4本ぐらいに絞ってます。

今回、漫才コントの人が多いですよね。決勝を一つのライブとして盛り上げたい気持ちがある中で、同じスタイルのものはやっぱり見せたくないんです。漫才コントが続いた後ならそうじゃないネタをやった方がいいと思うし、さや香さんより先の出番になったら俺らがしゃべくりをやると全体のバランスがいいと思うし。そうすると漫才コント組としゃべくり組とシステム漫才組のバランスが何となく取れて、最終決戦も盛り上がるかなと。特に今年は敗者復活戦に芸人審査員が入ったから、トリッキーな人が上がってくる可能性が高いんじゃないかと思ってるんです。そう考えると、俺らはもうちょっとちゃんとした感じで出てきてもいいな、とか。

——2020年のマヂカルラブリーさんが「つり革」と「フレンチレストラン」をどの順番でやるかギリギリまで悩んで、放送中のCMの間に決めたエピソードは語り草になっています。それくらい土壇場まで固めないのはオーソドックスなんでしょうか。

多分みんなは固めたいと思うんですけど、僕はなるべく固めずにいきたいですね。流れがあるから。それこそ去年のウエストランドさんがファーストラウンドで3位に食い込めたのは、中盤の流れと全く逆だったからだと思うんですよね。4番手のロングコートダディさんと6番手の男性ブランコさんのセンス系の流れがあって、その間に5番手のさや香さんが王道でパンっといって、その後で最後に出てきてノーセンス系というか〝市民が分かる悪口〟で逆を取れた。2021年も、真空さんとオズワルドさんが真ん中でしっかりウケた後だったから、真逆のアホな元気系で錦鯉さんやインディアンスさんが終盤にウケた。そういう風に、流れと逆のスタンスを取った方が勝ち上がりやすいと考えてます。

——本当に考察に余念がないですね。

とにかく今年を〝最高の決勝〟にしたいんです。2019年（ミルクボーイが歴代最高得点となる681点を叩き出した年）を超えたい。歴代最高得点が出るような大会にしたい。それが俺らじゃなくてもいいんですけど、点数のインフレを起こしたくて。それに、大会全体が盛り上がれば自分たちも盛り上がるんですよ。俺らはそもそも一個のスタイルがあるわけじゃないし、中盤で真空さんとヤーレンズさんがハネたらみんな漫才コントはお腹いっぱいになってるわけで、そこで俺らが自己満足で漫才コントをやったって誰も喜ばないから勝てもしない。もしくはさや香さんがハネて漫才コント勢がその煽りを食らってそんなにウケてないんだったら、俺らが最後に希望をかけて漫才コントで挑んだ方が熱いし楽しいじゃないですか。だから人のことを考えすぎているわけじゃなくて、結果的には全部自分たちが勝つための施策になってるんです。やりたいことと気持ちが一致してるから、これで全然いいと思ってます。

——以前に「誰よりも近くでいっぱいM－1を見るために勝ちたい。決勝まで行ったら全部生で見れるから」（2020年12月17日「月刊芸人」掲載）と言っていたのがすごく印象に残っているんですが、ファイナリストになった結果、出る前から既にM－1の見方が一段と深まってますね。

そうなんですよね。嬉しいですよ。やっぱり毎年出てみるもんですね。決勝に行けたから分かることがいっぱいある。レポートを早くお届けしたいです。誰が勝つのか、本当に楽しみです。

初出：コレカラ連載「令和ロマン・髙比良くるまの漫才過剰考察」番外編より（取材・斎藤岬）

M－1グランプリ

司法解剖

楽しみです、じゃねえんだよ。お前が勝ってんじゃねえか。

いやいいんだよ？　勝っても。でもさ、最高の決勝にするって言ったじゃん。点数のインフレは？　全然起きてないよ、後半全然点数伸びてないじゃんか。

というかそもそもスタジオのウケ弱くなかったか全体的に。それはテレビのスタジオだからこんなもんか、音響的には劇場に遠く及ばないもんな。でもあんなに盛り上がった準決勝とはほど遠いだろ。最近のＭ－１は準決と決

出順	順位	コンビ名	点数
1番	3位	令和ロマン	648点
2番	9位	シシガシラ	627点
3番	1位	さや香	659点
4番	6位	カベポスター	635点
5番	4位	マユリカ	645点
6番	2位	ヤーレンズ	656点
7番	5位	真空ジェシカ	643点
8番	8位	ダンビラムーチョ	631点
9番	10位	くらげ	620点
10番	7位	モグライダー	632点

M-1グランプリ2023ファーストラウンド結果

勝でウケの乖離が少ないんじゃなかったのか？　「カゲヤマさんのようにインパクトを与えて違和感を残します」じゃないんだよ。人に迷惑をかけちゃダメだろうが。益田さんよりお前が裸で土下座しろよ。もう反省点だけで点描画が描けちゃうよ？　プペル走り出しちゃうよ？

いやこんな怒る？　自分に。

優勝したんだぜ？　Ｍ－１グランプリで。

達成感より不満が勝つとは。それだけＭ－１の成功を切に願っていたんだな僕は。自我が個人ではなくＭ－１に宿ってしまっていたんだ。敗者に失礼？　めっちゃそうかも。勝っといて。なんで勝っちゃったんだとか言って。でも不戦勝って感覚なんだよあくまで。こんなデータ系のキャラが優勝する漫画見たことあんのか？　『ベイビーステップ』の丸尾くんだってベスト４とかで終わるんだよ。あー納得いかない納得いかない納得いかない！　あんなに理想の決勝を考えたのに！　どうしてこうなったか、考察しないと前に進めない。Ｍ－１グランプリ２０２３を司法解剖だ。無免許で。

―2023年12月24日 20時01分頃―
―ドロポスター浜田さん「カベベベ」―

まず何より「出番順問題」あったでしょう！

まさかの笑神籤《えみくじ》大失敗。完全に下振れ。まあむしろ今までは上振れすぎたと言うべきか。和牛さんやぺこぱさんのトリ、かまいたちさんの2番手、ドラマチックすぎた反動が一気に来たと思うと妙に納得できちゃう。

トップバッターが令和ロマン、そこまではよかった。

だって決勝初進出、最若手、金持ちが一人、もう一人はなんか鼻につく、生贄《いけにえ》として最適。緊張しいでもないからほどよく温めて、2番手以降がやりやすい空気にはなるだろうと思っていたらそっから最悪で。

令和ロマンからシシガシラ・さや香・カベポスターまでなんとしゃべくり漫才4連発。そしてマユリカ・ヤーレンズ・真空ジェシカと漫才コントが3連発。最後にダンビラムーチョ・くらげ・モグライダーのシステム系漫才3連発。前代未聞の4－3－3。サッカーだったらキーパーがゴールほっといて前出ちゃってる終盤みたいな状態。

これは本当に本当に本当に本当によくない。同系統の漫才が連続すると、ネタの構造が「透けやすく」なってしまうから。もちろん全コンビそれぞれ題材もキャラクターも異なってはいるんだけど、漫才の基盤というか、どうしても共通してしまう部分が普段より目立つんだよ。

しゃべくり漫才ならまず「大テーマ」があって、そこから徐々にボケが挟まって展開し、最後は2人のボルテージが上がっていく流れだったり、漫才コントなら設定に入る瞬間の小ボケや大喜利の答え方、伏線回収的な部分だったり。見れば見るほど次が読めてしまう。

そしてシステム系、というとあまり耳馴染みはないかもだけど、あるルールに則ってゲームを繰り返していくイメージの漫才。ダンビラさんなら「カラオケを口でやる」というゲームを繰り返す漫才。ツッコミはそのゲーム自体の否定はせずに最後まで付き合う。くらげさんの「思い出せない」もツッコミの渡辺さんが次々と正解の候補を出し続けるし、モグライダーさんなら『空に太陽がある限り』に合いの手を入れ続ける、それがシステム系。

代表的なのがミルクボーイさんですよね。

しゃべくり漫才と違って話が先に進まない、その代わり内容で笑いを発展させていく。4分ネタならだいたいゲームを3周くらい、4周目には変則的な形を入れることが多い、つまりその形式自体が共通しがちになる。

これらが前後で並ぶと審査員にとっては採点しやすいんだけど、観客まで審査的な視点に立ってしまうのだ。

これはもはや「漫才大全」って本を配って読ませてるようなもの。

そんなことしちゃダメだよ。
楽しむはずの客席に学問を与えたら教室に変わっちゃうだろうが。

で、こうなると令和ロマンのネタもよくない方に作用しちゃっていることが分かる。「少女漫画」というしゃべくりを選んだのは他のファイナリストに漫才コント組が多かったから。トップバッターだし勝ち上がることはまずないから、極力ネタ被りを避けて誰の邪魔にもならないようにと。ツカミもたっぷり入れてスタジオの緊張をほぐしましょう、ってかもう前説として見てくださいね！　人選ぶ固有名詞もたくさん出てくるんで点数としては期待できませんが！　とにかく盛り上がってくれ〜〜〜〜〜〜！　お、思ったより盛り上がった〜〜〜〜〜〜！　しかもトップバッター歴代最高点⁉︎　えーいいんですか？　ごちそうさまです！　これは出るんじゃないの歴代最高得点この後⁉︎　だってもう648点だよ！　……？　これ絶……対……(砂になる)。

比較合戦のムードになったときに、この「前説感」が「達者感」に変わってしまった。

それによって他の組の「仕上がり」を「台本感」に変えてしまった。

つまりアドリブっぽさ、こなれ感という厳かな決勝の舞台では軽薄に映りかねない要素が、このお笑いアカデミーでは「自由」に見えたのかもしれない。

教育実習生が勝手に1時間目を自習にしたから、2時間目から学級崩壊が起きてしまったのだ。害悪OB令和ロマンくん、お世話になった先生にお礼参りの巻、じゃないんだよ。

―2023年12月24日 21時30分頃―

―ともしげさん「緊張って言うぞ……緊張って言うぞ……!」―

こういうことを言うと「いやそこまで意識して漫才見てないわ」というお叱りリプが飛んでくるが、その無意識に笑いの量は左右されるものだ。

よくあるのが演者が「台詞を噛んだ」と反省したら、「全然気づかなかったから大丈夫」と言われるケース。だいたい大丈夫じゃない。噛んでなかったときよりウケ量がガクッと減る。

たしかに観客は意識的に気づいてはいない。しかし無意識でその台詞の乱れ、表情の崩れを察知して本来の伝わり方をしていないから笑いが減るんだ。

今回の「学問的香盤」も静かに観客を蝕《むしば》んでいた。

そこにトドメを刺したのが「ネタバレ問題」。

準決勝のネタがバレていたから同じネタをした組のウケ量がガクッと落ちた。

もちろん決勝当日のパフォーマンス、スタジオの見えづらさ（※1）などはあるんだけど、それを差し引いてもネタバレを感じた。ウケ量ってどうしてもテレビ放送で聞くと均一に感じられるけど、現場で全組聞いてると露骨に分かる。

さや香さんは笑いの代わりに拍手が大きかった。それもまた技術が成せる技。

僕が幽閉されていた暫定ボックスは審査員席の真裏にあるため審査員の笑い声がよく聞こえたけど、さや香さんのときは客席よりも審査員の方が笑っていた。面白いと思われつつ、拍手も起きてるので審査には響かなかったけど、他の組にとっては大きな痛手だったんじゃないか。

ネタバレによる被害を免れ無事だったのはネタを変えた僕らとマユリカさん、そしてネタは一緒だけど中身のパーツがかなり変わっていたヤーレンズさん。まあヤーレンズさんはそもそも一度見たくらいじゃ覚えられない量のボケ数が配合されているのですが。


じゃあ、なんで2023にこの問題が爆発したかというと、M-1ブームの過熱が大きな要因といえるだろう。


もともと決勝の観覧は一般応募であり、ある程度お笑い好きには違いないが、そこまで熱心なお笑いファンではない人が多かった。故にファンが見ている準決勝ではウケても決勝では大ハズし、なんてこともザラにあったわけで。

もっというと僕が1年目の2018年では「お笑いファンで埋まるのは3回戦まで、準々決勝以降は会場も広く(※2)、一般の方も来るからより幅広いネタじゃないといけない」と言われていた(これは東京予選の話だが)。

それが年々M-1人気が過熱し、2021年くらいから準々決勝もコアなファンで埋め尽くされるようになった。そしてそのチケットもなかなか手に入らなくなり、それがさらに加速して準決勝ですら争奪戦。決勝にもM－1サポーターズクラブの枠ができると、年会費を払ってまで決勝の観覧は求められていき、1回戦から決勝まで「客席総ファン時代」が到来した。

需要が大きいともちろん供給も増える。

初めは3回戦のネタ動画がGYAO!に上がっていただけだったのが、1回戦のTOP3、3回戦、準々決勝（敗退者のみ）がYouTubeにも上がるようになった。そして準々と準決は有料生配信も行われ、なぜか2回戦だけがブラックボックスという奇妙な状態に。決勝観覧のプラチナチケットが当たるかも分からないので準決勝はもちろん現地もしくは配信で視聴する。

こうして少しずつ狭まったネタバレ包囲網がついに決勝を捕らえてしまった。ただでさえネタを把握してる状況にあの香盤が重なり、**もはやお笑い学会と化した客席は、芸人へのリスペクトを抱いたまま、粛々と漫才を見守る団体のようだった。**

―２０２３年12月24日 20時05分頃―

―浜中さん「あ、暫定席にお水置き忘れたなあ」―

アンラッキーの連鎖が止まらない、それをただ暫定ボックスで見ることしかできない自分。ドレスローザで暴れ回るキュロスの精神状態。もうやめてくれと。

モグライダーさんの中盤で自身の最終決戦行きを覚悟した。

せめて自分が蒔いた種は刈り取らねば。

CM中にネタを決める。残弾は3発。

２０２３の準決勝でやった「猫ノ島」、２０２２の準決勝と２０２３のＡＢＣお笑いグランプリでやった「恋愛リアリティーショー」。ダメだネタバレしてる。どっちも見られているし大して内容も変わってない。

あった！　最後の1発！

2021準々決勝でやってから予選でもテレビでもやってない「町工場」。しかもNGK（なんばグランド花月）とかでウケるためにややこしいところ削って、分かりやすいボケばっかり。構成もシンプル。たくさん動く。会社イジりもある。

これしかない。

使命感に燃えながら1番手で向かう。ツカミをダラダラ喋りながらこっそり生徒からお笑い教科書を回収する。漫才は楽しいだけだぞー！　考えなくていいぞー！　吉本にはこんな人がいるぞー！　代わりに絵で笑えるお笑い漫画を配り直し、コントの途中でオチもなく逃走!!　続くヤーレンズさんはその漫画の青年誌版をバラ撒いていく。考えずに笑える、楽しいお笑いライブがついに完成した。そして満を持してトップ通過のさや香さんが登場！　したと思ったら**急に見たことないPDFを配り出し**、また漫画がもらえると思っていた子どもたちを困らせてしまったとさ。

―2010年X月XX日―

―中谷さん「な～ぁ阪本……？　コンビ名なんやけど……お互いの妹の名前を組み合わせてみぃひん……？」―


司法解剖の結果、死因は「運」だった。悪運による各課題の顕在化。全部の死因そうか。かなり生存率の低い状態ではあった。

だけどもし1組、カオスをつくり出せる組がいたら。「少女漫画」のアドリブ感を吹き飛ばす人間性を持ち、「町工場」で遂行した教科書回収の機能を持つカオス組が間に挟まっていたら。


2018年、霜降り明星さん、の前のトム・ブラウンさん。

2019年、かまいたちさん・和牛さん、の後のすゑひろがりずさん。

2020年、マヂカルラブリーさん、の前のおいでやすこがさん。

たった1組でも空気はガラっと変わっていくのが決勝の舞台。
2023年の敗者復活組でいえばフースーヤさん、ななまがりさん、そして再びトム・ブラウンさん辺りが上がってきていたら、最終決戦のような雰囲気で1本目が行われて、点数も伸びただろう。令和ロマンくんは最終決戦には残らず、高得点に満足し、王者を讃え、打ち上げ配信で度胸とかを褒められ、エゴサしながら寝落ちしていただろう。起きたらすぐにしじみの味噌汁を啜りながらう大さんのnoteを読み耽っていただろう。

しかし、その代わりに誰かが決勝に行けなくてもよかったのか、そんなことはない！　そんなに害悪なら令和ロマンくんが行かなければよかったのでは？　いや僕たちこそ最高のトップバッターだったのは間違いない！　じゃあ全部しょうがないじゃないか。誰も悪くないじゃないか。**もう11組上げちゃえばよかったんだよ。**「でもそのせいでダレてたかもしれないよ？」たしかになあ。

たらればの話も、したらばの話も、しても仕方がないけれど、とにかく理想の決勝にはならなかったこと、そこで優勝してしまったことも事実で。そしてあの優勝の瞬間に、喜びよりも後悔が勝ってしまったことも事実だ。

来年こそいい大会にしたい、その想いから即座に「来年も出ます」という宣言がこぼれ落ちた。ボケだと流され、本当に出ると言い続けても「本当に出るの？」と聞かれ続ける8月現在。とりあえず現状M－1に向けて考えられる全てのこと、現在地から分かる漫才の景色、誰よりも自分のために整理させてほしい。考えるのは芸人らしくない！　考えていたとしてもそれをひけらかすな！　とタイタンの両手グー男に怒られてしまうだろうが、頭でっかちに考えてここまで来てしまった人間だ。感覚でやってるフリをする方がカッコつけだと思うんだ。

こっちは考える方が自然なの、「感じるな、考えろ」でやってんの。

逆・ブルース・リーなの。野菜は体にいいから食べてるの。だよね？　ホリエモン。お前誰だよ。

2018

愚者だから経験に学んでみたけど賢者にもなりたいので歴史から学んでみよう。となると考えなきゃいけないのは、事件が起こった2023年に近いケース。パッと思いついたのが2018、霜降り明星さんの年。令和ロマンくん同様、不利なはずのファイナリスト最若手。そこが優勝しているということは、その追い風となる要素もあったのではないか、ということ。

共通点を探してみると全体的な得点の停滞が気になった。霜降りさんが9組目で662点を出すまで650点台すら出ていない。平均点630．4点は2017以降では最低の数字。

この重たさが若手を押し上げる原因となったのか。たしかに重たい寄席ではベテランの技術より若手の元気がハネるときがある。

でもなぜ重たかったんだろうか。

和牛さん、スーパーマラドーナさん、ジャルジャルさんの常連組。既にキングオブコントを獲っているかまいたちさん。ミキさん、ゆにばーすさんは2年連続の決勝。初出場もラストイヤーのギャロップさん、既に「劇場番長」と呼ばれていた見取り図さん。

ここまでのメンバーが揃っていてなぜ、**いや、ここまでのメンバーが揃いすぎたのか。**揃いすぎてしまったため、技術的な差がつきづらくなった。それでもライバルを出し抜くためにはさらに難しい技術を放り込むしかない。そのテクニックと、まだコアなファンの少ない観覧席のお客さんたち、そこが

出順	順位	コンビ名	点数
1番	9位	見取り図	606点
2番	7位	スーパーマラドーナ	617点
3番	5位	かまいたち	636点
4番	3位	ジャルジャル	648点
5番	8位	ギャロップ	614点
6番	10位	ゆにばーす	594点
7番	4位	ミキ	638点
8番	6位	トム・ブラウン	633点
9番	1位	霜降り明星	662点
10番	2位	和牛	656点

M-1グランプリ2018ファーストラウンド結果

噛み合わなかったのか。

分かりやすいのはスーマラさんかな。いや分かりやすいとか言ってすみません**Mおじ。**

4年連続の決勝ともなると他との戦いより厳しい「過去の自分」との戦い。もともと鮮やかな叙述トリックが決まる「エレベーター」のネタなど、凝った構成が多いスーマラさんがさらに難しいことを目指した結果辿り着いた「隣人」のネタは、怖い隣人役の武智さんが逆に田中さんに怖い思いをさせられるというコント感の強いネタで、明確なボケ・ツッコミがない分最後までついてこられない人も出てきてしまったんだと思う。途中で田中さんがギャグをやって、それをフリに落とすところが、ギャグの時点でウケてしまっていたのはきっとそういうこと。

僕は死んだはずの田中さんがただ普通に生き返るところが大好きですMおじ。

ギャロップさんの「コンパ」も直接的なハゲイジりではなく、林さんが自虐で自分をイジっていくというやり方が当時には高度すぎて少しズレていた。

毛利さんがハゲをすごく肯定するわけでも否定するわけでもない何ともいえない空気

を醸し出すせいで、自虐せざるを得なくなる、という流れは今でもかなりハイコンテクストなネタだと思う。

そういえば2023のシシガシラさんも入りが「コンパ」だ。なんだその運命は。

こちらも高度さがあって、通常のハゲイジりを受け流す脇田さんが「コンプラ」という角度では流さずにキレていく流れ、これは成熟した客席と理解度は噛み合っていたんだけど、世代的に容姿イジりに対するリアルさ、**「本当にハゲにハゲと言っていいのか？」**というピリつきがノイズになっちゃったように感じたな現場では。脇田さんの説得力がありすぎるあまりに起きてしまったトレンド外の悲劇、これ系の話はまた別で考えるべきか。

とにかくそういった「テクニック過多」が頻発していた反動で、**考えさせないシンプルさ・フレッシュさを持つ霜降りさんが突き刺さった**、という流れなのかなと。塙さんが採点後、「面白い・面白くないじゃなく、強弱でいえば二人とも強い」とおっしゃっていたのが、まさに教科書回収の流れだなと。面白い、面白くないは学問だもの。

それと香盤もよくて、若手は先輩の後に出ると技術やビジュアルで劣って見られがちな部分があるけど、僕らはトップバッターだったのでその不利がなく、霜降りさんはトム・ブラウンさんが上方漫才の技術を全て無視してナカジＭＡＸをつくってくれたので、技術競争から抜け出しトップバッターのようにできたんじゃないかと思う。

この結果から何が考えられるかというと、霜降りさんと令和ロマン、どちらもＭ－１における一つの流れが過熱しすぎたときに、それをリセットするようなタイミングでの優勝になっているということ。

つまり新・Ｍ－１って**2015～2018と2019～2023の2つに分けられるんじゃないか。芸人同士で技術を高め合う時代と、その技術に見慣れた観客との闘いの時代。**２０２４を考える上でも重要になってきそうなこの２つ、一度流れをさらっていこう。

技術の時代

２０１５年、Ｍ－１再開。出場制限が結成10年から15年までに延長したことで、**荒削りな若手の大会から仕上がった実力者の技術競争に切り替わった。**

５年延びるだけで、と思われるかもしれないけど、この５年は特に大きい。高卒で養成所入って結成すると10年目では28、15年目では33。

この30超える辺りでちょうど漫才師としての「フィジカル面」が整い出す。線が細く、声も高い20代では漫才の説得力が感じられないことも多い中、少し代謝が落ちて太り出して、舞台で何度も枯れて声が低くなり、少しずつ台本が台本っぽくなく見えるような体に仕上がっていく。なんかスーツも似合い出す。

要は「おじさん化」なんだろうな。若い女性中心の観客の中で「男の子」から「おじさん」になることで生身の人間からキャラクターに切り替わってポップさが増す。でも老けすぎてはいけない。客席の信頼を得ながら心配はされていない程度が大事。

そんな状況で、銀シャリさん、ジャルジャルさん、スーパーマラドーナさん、和牛さん、という新M－1の第1期を支えることになる「仕上がった漫才師」たちが台頭し、技術競争が幕を開けた。

そして技術勝負の中で、**ある意味誰よりもフィジカルが仕上がっていた**のがトレンディエンジェルさんだった。地の喋りで関西勢に勝つことは難しいけど、「ハゲネタ」という領域を展開してその空間で無双した。味という味、技術に見せない技術。

そして2016ではさらに職人味が強まる。

スーマラさん、和牛さん、銀シャリさんの最終決戦は歴代最高レベルの接戦と呼ばれていますが、あんな技術合戦ないよ本当に。あの3組で現存する漫才の技法全部使ったんじゃないかな。

銀シャリさんはしゃべくり、スーマラさんは何回も入り直す系のコント、和牛さんはストーリー系のコント、スタイルも綺麗に分かれていて完璧。

ファーストラウンドの時点で銀シャリさんの歌ネタ、和牛さんの伏線回収、スーマラさんの叙述トリック、さらばさんのコントくらい振ってからツッコむやり方、今もこの年のテクニックが繰り返し使われている。アキナさんの動きほぼなし会話漫才コントも技術力代表、みたいなネタだった。

とにかく漫才が上手くないと勝ち残れない、結果的に舞台数が多くて漫才に専念できる大阪組がどんどん強くなっていった。

この年の準決勝がなぜかPrime Videoでしばらく視聴可能だったのも、あの年の技術力に惚れ込んだAmazonさんが**特別に布教してくれていたんじゃないかと、僕の中のミルクボーイ内海さんが睨んでる。**

2017は銀シャリさんが抜けた後、ミキさん、かまいたちさんという「大技術」、ゆにばーすさん、さや香さんという「**若技術**」が投入されて、マヂラブさん、ジャルジャルさんという「あえて技術的に見せずふざけてる」勢には逆風が吹いた。

さらにこの年から導入された笑神籤なんてもう技術of技術。急に呼ばれてもいつものテンポで漫才できるか、というメンタル面の枷《かせ》が一つ増え、それをいちばん乗りこなしていたのが**とろサーモンさん。**あの脱力感は順番が決まってるときより決まってないときの方がより強者感が出る。めちゃくちゃ笑御籤の申し子ですね。大吉先生が「ツカミのスピードがピカイチだった」と評したのも、笑神籤が生み出す混沌の中でいち早く自分たちの空気に持ってきたことに対するものだと思った。

こうして2015から加速してきた上方漫才技術競争が2018に辿り着き、先述の状態に。このまま続けばひょっとしたらM-1ブームも危ぶまれた中で「霜降り明星」が決勝にいてくれたというのは**本当に奇跡というか、まさにスターだなと。**

今こうやって結果論で並べてるから必然のように思えるけど、あのタイミングで若く・強く・明るい漫才をやってくれたことへの感謝が止まらないね。

そしてその競争の先頭を走っていた和牛さんが4年連続で最終決戦まで残っていたことで、より転換味が強まったのもある。僕は常々2018の和牛さんの2本目、「オレオレ詐欺」のネタは**M-1漫才の最高到達点だと語っていて、**それは未だに破られていない。M-1という本来初見の状態で見られる場所に、もう「顔馴染み」として立つことでツカミやコントインまでの時間の短縮に成功。その分自由度が増した後半を展開し展開して、最後は睨み合いで終わる。本当に鳥肌立った。

水田さんの性格とそれを増長させて演じている役、川西さんの達者な喋りとそれをフリにコミカルさを出した役、この4つ全てを客席が完璧に理解したことによってあの奇跡の数秒は生まれた。

漫才コントの弱点である演者自身の人間性の希薄さを補完してみせた完璧さ、**合掌**。

花咲く漫才

新たなスターの誕生を発端に、お笑い界には様々な変化が訪れる。

霜降りさんの優勝から始まった「第7世代（※3）ブーム」、それに対抗する6．5世代芸人、ネタ番組は増え、それ以外のバラエティも次々に始まり、芸人の仕事の幅がどんどん広がり出した。

そこに弊社・吉本の闇営業問題が旧体制にダメージを与え、それまでの「不条理も相まって」売れていなかった方々が一気に脚光を浴び、エンタメにおける芸人の地位が向上。事務所や番組よりも芸人個人にスポットライトが当たり、そしてその流れは芸人が芸人だけで完結させている「ネタ」という部分にいちばん押し寄せ、賞レースへの熱量が上がっていった。

結果として神回といわれるM－１２０１９が誕生したわけだ。準決勝に幽閉されていたニューヨークさん、からし蓮根さん、インディアンスさんが解き放たれ、オズワルドさんの静かな東京漫才が、ぺこぱさんの肯定ツッコミが、**すゑ様の鼓が、**多様な漫才が一気に花開いた。

かまいたちさんは新作ではなく往年の傑作で挑み、５年連続出場の和牛さんは最後まで技術としての最新を貫き、新世代を横綱として堂々受け切った。

相乗効果でその全てが光って見える中、より燦然《さんぜん》と輝いたミルクボーイさん。以前は軽んじられていた無名さがブームによってかき消され、ボケ・ツッコミではないあるあるの応酬という**漫才として異例の型が、**客席の漫才リテラシーの高まりによって爆発を起こした。当時は予選のネタバレがなかったのでいちばん新鮮な状態で出せたことも大きい。
もちろん、決勝の舞台までに長年練り上げてきたお二人の努力あっての栄光というのは言うまでもありませんが。それでも紆余曲折していたお二人が、霜降りさんの優勝によって褌《ふんどし》を締め直したことでM－1第2章は華々しいスタートを切ったわけだ。

じゃあ2020はどこまでいくんだと期待されていたところに冷や水をぶっかけたのがコロナ禍。「新型」じゃないんだよ。M－1が切り替わったからってお前までアップデートしなくていいんだよ。

舞台が減り、復活しても無観客、しばらくしても会場のキャパ50%までの制限、笑い声に蓋するマスク。状況的に新勢力の突き上げはなかなか厳しく、ファイナリスト経験のある吉本の「**貯金組**」が逃げ切り決勝へ。
そして、コロナ前から限られた舞台数で戦っていた組、劇場を持たない事務所勢が台頭。ウエストランドさん、錦鯉さん、東京ホテイソンさんと、2016年以来の吉本以外から複数ファイナリストとなった。史上初のピン芸人ユニット・おいでやすこがさんも、**台本の緻密さよりマンパワーの比重が大きかった**この年の象徴的な存在。

一方で、お笑いブーム自体は健在どころかむしろ加速。ステイホームで芸人YouTubeやライブ配信が伸びて新規のお客さんが増え、M-1側も1回戦から決勝までYouTubeに上げるようになり、今までM-1は決勝しか知らなかったみなさんに予選が知れ渡ることに。全てが映像で晒されてるからか、今までの予選以上にウケ量が審査に響くようになり、対審査員から対お客さんに戦いがシフトしていった。

そんな中、貯金あり、マンパワーあり、客ウケ申し分なしのマヂカルラブリーさんがパワーで押し勝ち、結果起きた「**漫才か漫才じゃないか論争**（※4）」**はまさに過熱化の象徴**ともいえるだろう。

2021も同様に演者は増えて、エントリーも6000組オーバー。

だけど変わらぬ規制でやはりネタの調整（※5）が難しくて貯金組を崩せない。ラストイヤー組に舞い戻られたら後輩は困っちゃう。

それでも環境に左右されず黙々と打ち込む錦鯉さん、モグライダーさんのような職人たち。我関せず作品をつくり続けたランジャタイさんや真空ジェシカさんのような芸術家たちが強い。

第7世代ブームで入ってきたファンのみなさんも何とか劇場まで辿り着き、**閉塞感たっぷりの時代背景と演者の「クセの強さ」がマッチして大爆発。**緻密な構成や達者な喋りより、独創的なキャラや造語が好まれる展開になり、最終的に決勝は吉本以外が5組、2002年以来の多様性に富んだ決勝、「まるでお笑いファンが選んだみたいな」決勝がついに完成。

それ故審査は難航。1つのコンビにつく点数もかなりバラける中、シンプルさで突き抜けた錦鯉さん。これを機に第7からベテラン芸人ブームへと転換、より「ネタ」に当たる光が強まっていくことに。

そしてこのM-1ブームは2022に爆発。

コロナが落ち着いて劇場が本格的に再開、そこにここ数年で増えたファンが雪崩れ込み大盛況。やっと鍛錬できる環境が整った「無貯金の若手たち」も、そのブームの中でファンがつき始める。その熱気は有料配信によって全国に届けられ、知名度格差はほとんどなくなる（＝ネタバレの始まりということでもある）。
激しい新陳代謝が起き、準決勝初進出が異例の12組。巨人師匠・上沼さんが審査員から抜けた決勝には、非常にコアな精鋭が集まった。

ロングコートダディさんを見ると特に変化が分かりやすい。2021にやった「生まれ変わり」、2022にやった「マラソン」どちらもロングさんらしいファンタジーな設定だけど、マラソンの方がより自由。ボケとツッコミじゃなく、フリと大喜利、ある意味ミルクボーイさんの「続き」のような漫才だった。ヨネダ2000もキュウさん、男性ブランコさんもとても自由。正統派だと勘違いされるさや香さんも途中でボケ・ツッコミがスイッチしたりするとってもお笑い度合いの高いネタで、それがあそこまで完璧に理解されるほど**漫才リテラシーが高まり切っていたということ。**

その祭典をウエストランドさんという呪言師がどう破壊したのか、というのをWEB連載で書いたところからこの本は始まってるのだ。74ページから載せてるからお手隙の際にご覧あれ。

「あるある」と「ないない」

「漫才勝負」のシーズン1と「笑わせ合い」のシーズン2。漫才のスタイルはここで分けるのがしっくりくる。

でもボケの内容で考えたらもう少しグラデーションか。多様化初年度の2019はスタイルは様々だけど内容は2018寄りというか、**「あるある」のお笑い**だな。そんで2020からが**「ないない」のお笑い**。あんま好きな言い方じゃないけど「大喜利」のお笑いともいえる。

芸人が笑うネタって過激で突飛なものが多い。それは「あるある」ならもう知っちゃってるからそれを裏切った「ないない」を求めてしまうから。

それがマヂラブさんのファンタジーな演技だったり、**錦鯉さんのファンタジーな年齢だったり**。フレンチレストランのガラスを割って突入するとか、山に逃げた猿を探すとか、「ないない」ってお笑い。

旧M－1から2018まではお客さんが「ないない」まで辿り着いてないから「ある

ある」を持っていかないといけなかった感じか。千鳥さんやPOISON GIRL BANDさんの苦戦はそういう理由だと思う。笑い飯さんは「ないない」のまま出続けることで少しずつそれを受け入れさせていった、新M－1でいえば和牛さんに近い現象。

厳密には**ミルクボーイさんがちょうど「あるある」から「ないない」に橋渡しをした気もする。**「コーンフレーク」はまさに「あるある」の最高峰だもん。コーンフレークあるあるを最高級の砲台から発射しているイメージ。

でも「最中《もなか》」はちょっと後半の家系図のくだりで「ないない」に足を踏み入れて終わってるな。**「さあ、漫才は次のステージへ行くんやで！」**と内海さんが扉を開けて真っ白い空間に誘ってるイメージが湧かないかい？　その横で「**お気をつけて**」とお辞儀をする駒場さんの姿もセットでさあ。

そんで２０２１からの「ないない」時代に「あるある」がどこに行ったかというと「ネット」なんだと思う。TikTokとかYouTubeのお笑いって真っ直ぐ「あるある」だもん。だから「ないない」好きの芸人やファンと相容れなかったりするわけよ。

昔は「エンタの神様」とかがそのまま「あるある」だったんだろうな、その分M－1の予選は「ないない」が強かった。でも決勝の観覧は違った。何度も言うけどそういうズレなんだよ。

本来人間というか社会、現実が「あるある」で、ネットがミームとか「ないない」だったのが、徐々に「あるある」がネットに吸い上げられていったというか、若者がネットに移動してネット側にノスタルジーがある感じになって、「チャリで来た。」の画像が懐かしいとか、そうやって「あるある」になっていったんだ。

で、逆にネットにはいない「ホンモノ」のヤバいやつが舞台上の芸人という感覚、マヂラブ野田さんや錦鯉まさのりさん、ランジャタイ国崎さんとかおいでやす小田さんみたいな熱量が「ないない」として刺さったんだ。

あ、それが2022で爆発して「ないない」のオンパレードになったけど、**井口さんが「ないない」から「あるある」に繋いじゃったんだわこれ。**ミルクボーイさんの逆。決して共感できないような「ないない」の悪口が、「R－1には夢がない！」で一気に「あるある」になっちゃったのよ。井口さんって「ネットにいる熱い奴」でしょ。「あるある」の世界として冷められてたネットの中から「ないない」側だと思っていた現実の芯を食うというか、ひろゆきさんの人気が爆発した感じに近いのかな、タイミング的にも。

「もうネットの世界にも現実はあるから！ こっち見ろこっち！」と**井口さんが小さなドアを開けてみんなを誘導しているイメージが湧いちゃったな。**『トムとジェリー』のジェリーが家の中に勝手につくってる小さなドアを開けてるなあ完全に。

それによって「あるある」と「ないない」が共存するようになって、というかむしろ極端になって、くらげさんのサーティワンとか、ダンビラさんの『天体観測』とか、「全員のあるある」から「知ってる人にはあるある」なものと、さや香さんの「ホームステイを飛ぼうする」とかヤーレンズさんの「ラーメン屋さんがありえないくらいボケる」みたいな「狂気」のような2つまで離れ切った。

それもまた見づらさの要因だったかもな。

「狂気」に見方を定めたら「細かいあるある」を見落としてしまうし、その逆もそう。令和ロマンくんでいえば「少女漫画」のネタにおける「日体大」のくだりで「細かいあるある」の布石を打った状態で、最終決戦の「町工場」における「拍手広がらず」とか「吉本にはこういう人がいます」とかも「細かいあるある」で一貫できたのが好転したのか。

とにかく井口さんきっかけで、それぞれがM－1という「大きなお家」のあちこちに「自分の小部屋」をつくり出してしまったのかもしれない。

2024は「大ジェリー時代」の幕開けになるのか。トム大忙し。**ブルドッグのスパイクも大変だよ。**

面白いのは逆にテレビが「ないない」お笑いになっていってないか。

「クセスゴ」なんてまさに真っ直ぐ楽しまない「ないない」のお笑い。ていうか千鳥さんのお笑いか、全て。「相席食堂」も「チャンスの時間」も「ないない」。

これはテレビがネットの影響を受けて、お茶の間に求められる「あるある」から

TVerに求められる「ないない」にシフトしてるのとガッチリ噛み合った感じなんだろうな。

そうなると2024からはどうなるんだ。第3章開幕？　今んとこ「あるある」は継続しそうな気がするな。ちょっと考えよう。

2024

芸人ファーストの第2章。ネタへのリスペクト。その過熱の果てにあったネタバレ学問状態。となると第3章はどう幕開けるのか。1章のような技術競争に戻るとは考えづらい。2章の開幕を担ったミルクボーイさんのような超新星が現れるのか。

単に反動で考えるなら「お笑いファンから人気でネタバレされている」↕「**お笑いファンの人気がなくてネタバレされていない**」ような人たち。**なんだそいつらは。**

でもファンが多いことがノイズになりやすい風潮にはなってきている。「顔ファン」論争、女性芸人のファンが「本当にお笑いが好きな男性」なのかという演者からの問いかけ。粗品さんも「ファンハラ（＝ファン・ハラスメント）」とパッケージングしている。

ちょっとこの流れを軽く考えるか。

まず第7以降のお笑いブーム、それによる芸人仕事の多様化によって露出が増え、人気がつき、雑誌のグラビアやグッズ展開などアイドル的な人気が出てきた。

こういったいわゆる「ワーキャー人気」のような状態はお笑い界が何度も繰り返してきた流れだが、今まではあくまでアイドル風なビジュアルの個人やユニットで起きていた現象であり、現在の流れは「お笑い芸人全体」を対象としてそういう商売が行われている、という違いがある。

アニメやアイドル、バンドに芸人、それまで独立してたそれぞれの趣味を包括する「推し活」という風潮ができ始めて、様々なジャンルのヲタク様方がついでにお笑いも応援してくれるようになり、そのニーズに応える流れにはなっている。

いやまあ昔でもそういう展開をしていたら売れたんだろうけど、あの頃はそんなの芸人じゃない、とか昔気質の考えが主流だっただろうし、そういう商売に手を出さなくても何となく儲かっていたお笑い業界だったが、闇営業問題やらコロナやらテレビ離れやらでその「何となく」が通用しなくなってきて、ようやくマネタイズに漕ぎ出したのもあるな。

その「芸人総アイドル化」時代に肥大化したSNSが加わって問題が大きくなってる。

劇場内で静かに嫌い合っていたワーキャー的ファンとネタ原理主義ファンも、ネット上で「論争」ができちゃうから、派手にその話が展開しているように見えてしまう。その話題で出された芸人に対して「何となくファンが揉めてるイメージ」とかがついてしまう。そして特に思想のないファンもSNSを見て「揉めている芸人のファンの仲間」になりたくない、とかも考えてしまう。とにかく個人が全体に接続されている状態が精神衛生上よくない。

一方芸人はあまりこの流れを汲んで考えていないから、簡単に「ワーキャー芸人だ！」とか「俺も顔ファンほしー！」とか揶揄してしまう。かつての「ワーキャー芸人」たちが人気にかまけてネタが伸び悩んでいったことはみんな何となく分かっているから、今回のブームに対して上手く乗りつつも内心冷静な部分があって、本当に調子乗ってる奴がほとんどいないから平和的にイジリ合ってるんだけど、それがお客さんのピリつきとあんまり噛み合っていない。

移民問題のような難しさだな。
以前、Xで「全ステ問題」が話題になっていた。大阪では劇場が近い距離に複数あるため、3つの劇場の出番を3回ずつ回ったりする。それぞれのライブの公演時間は被っているので演者は自分の出番が終わったら即移動する。それに合わせてファンも移動して「全ステ（ステージ）」を見ようとしてしまうから、人気の芸人の後は完売のはずなのに空席が！という昔からある問題がさらに深刻な問題かのように論争になっていた。「全ステ」側の人は「なんで全ステしちゃいけないか分からない！推しは全部見たい！」と言っていた。Xのプロフィールを見るとアイドルのファンもやっている方で、あっちの世界では普通のことなんだと思った。

だけどそれがこっちではあまり普通じゃないってこと、誰にも教わらないもんなあ。次のステージを見たいからとかじゃなくて、もう十分面白かったな、とか飽きたな、くらいで退席してほしくもある。それくらい、いい加減にお笑いを見てほしい気持ちはある。盗撮とか私語の方が全然やめてほしい。ぐっすり寝てくれてても構わない。

自分の出番と同時に客が帰っていったらそれをイジって笑いを起こしたいし、この問題が取り沙汰されたときも先輩がそうしていたらしいと聞いて嬉しかったし流石だなと思った。でもそういったイジりも本気で顔ファンに怒ってるファン層がSNSへ無機質に書き起こすことでボケっぽくなく広まり、「私たちの代弁者」のようにされてまたさらにピリつきを生んでいるのが悲しい。

まあ解決には会社側がルールを定めて時間帯の被ってる公演の来場を禁止するしかないんだろうけど、それによって満席にならない公演も出てくるだろうし、全ステしている人たちによって劇場の利益が出て、演者に還元されているという現実がある以上、何とか許してあげてくれないかなあ。

カッコつけた芸人の雑誌もアクスタも生写真のカードも、今の芸人バブルの賜物《たまもの》であり、落ち着く日は来るのだから無理してその泡を割らなくてもとは思う。


話を戻すと、ファンにまつわるピリつきと無縁の人が相対的に有利になっていくのか。

本人のファンはそれほど多くないけど、他の芸人のファンにもよくウケる「マスコット」タイプ。芸人間の評価が高くて、「台本力」で安定してウケを取る「いぶし銀」タイプ。ここら辺に追い風が吹く、というより無風の中どんどんオールを漕いでいけるのかもしれない。


「ネタバレ」に関しては、ファンが少なかろうが予選の動画はYouTubeに上がる以上避けようがないけど、その上でウケるような要因が必要だ。予選でやってないネタをやるというゲリラ作戦は令和ロマンくんがやってしまったが、今年も引き続き有用だろう。

だがそれ以上に、ネタバレしてても笑えるようなネタであるのが理想的で、そのためには強引に笑いをもぎ取れるようなキャラクターも大事になるのかな。

単純に濃いキャラ、というか、何回見ても笑えるようなくだらなさがある人。

仕上がってるということはミスが許されない、ということでもあり、逆に多少のミスすら愛嬌に変えられるような「ユルさ」が強みになる。

大きな流れとしても、お客さんが芸人を尊敬したがる＝「上に見たがる」大会だった第2章からの転換として、「下に見られる」＝愛される人たちが輝くのはありえそう。**ネタに見慣れていくうちに身につく審美眼の死角を突くような、**というか。変に作品だと思

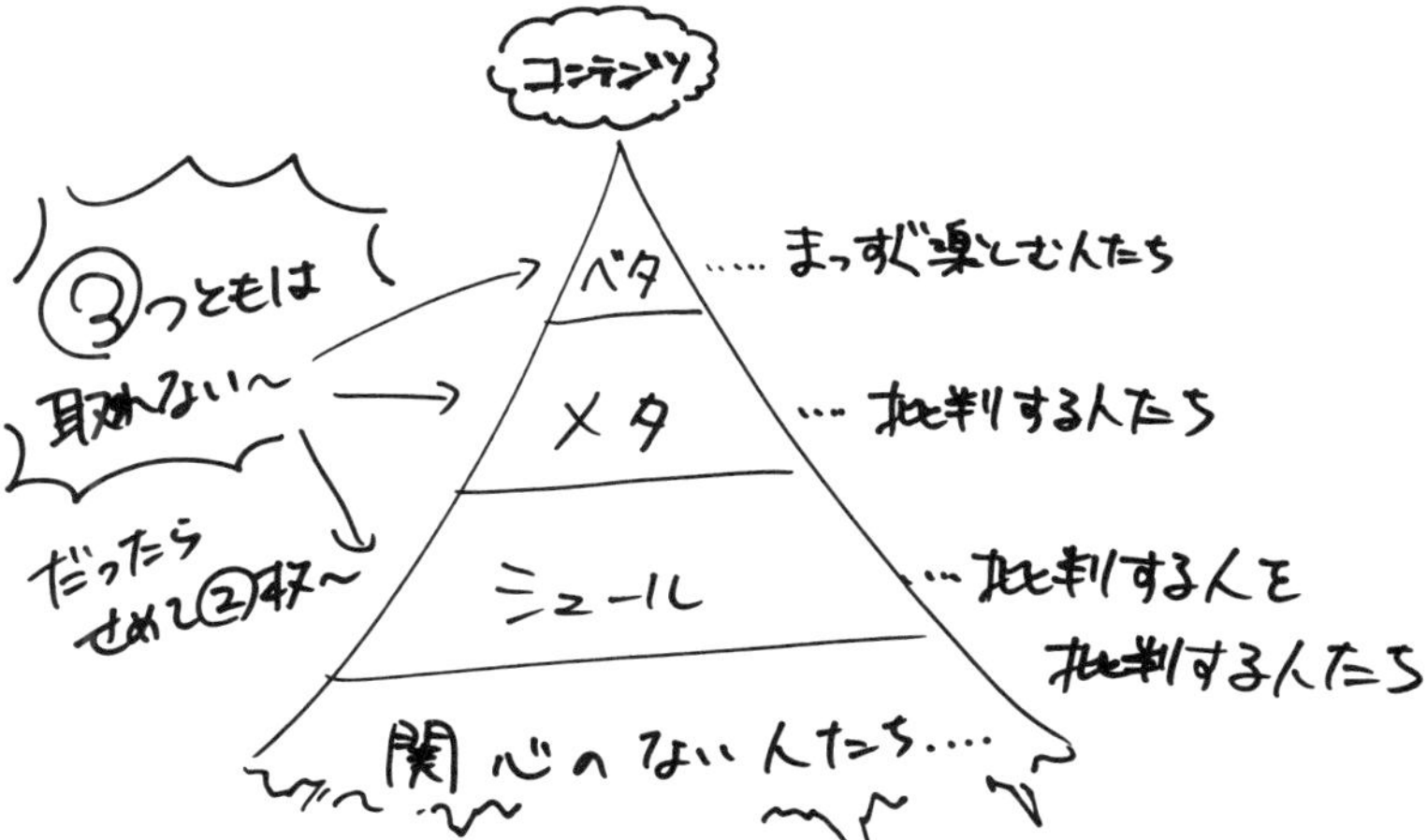

われず、ただ楽しく見てもらえることがかなり重要なのかなと。

その上でそこにプロフェッショナルを見出す人もいる、っていうのがかなり重要で、二枚抜きが成立するのもいいところだ（前ページ図参照）。「水曜日のダウンタウン」のドッキリにかかるクロちゃんさんが「笑われてる」と思ってる人にも楽しまれて、「あれは素材としての魅力がすごい」「逆にあそこまでヒールになれるのはすごい」という評価も持たれているあの感じ。

その爆発の前兆が、まさに2023敗者復活でのトム・ブラウンさんか。既にテレビで売れている分、予選ですごく応援されているわけではないけど、映像が出るととんでもない再生数になる。ああいう「お客さんの知らない馬鹿馬鹿しさ」こそが第3章の象徴的なものになる気がしてきた。

同じく去年ラストイヤーのなながりさんもその気配があったし、その勢いが今年のTHE SECONDに繋がっている。

現にここまでの賞レースでいうとR－1の街裏ぴんくさん、NHK上方漫才コンテストのフースーヤさんも傾向通り。芸歴5年目以下の大会・UNDER5 AWARDでの清川雄司の優勝も、他のちゃんとした漫才より大道芸を交えたピンネタの方が温かくピリつかず見守られて笑いが取れていた。

執筆時点ではまだ決勝前だがキングオブコントも準決勝の時点で「対お客さんではなく、コント内のキャラ同士による馬鹿馬鹿しい内輪揉め」のニュアンスがある組が特にウケていた。

そして今年のラストイヤーは誰だろう、と思って調べてみるとそもそもトム・ブラウンさんがいるじゃないか。他にもモグライダーさん、ロングコートダディさん、デルマパンゲさんにセルライトスパさん、ダイタクさん、さらにスカチャンさんだ。**実にエンターテイメンッじゃないか。**

好きなことをやってる感、「何やってんだよこいつら（笑）」と思われる力がみなぎっている。余計なこと考えがちになった、秩序のない現代にドロップキックしてくれそうだよ。

近年のラストイヤーはハードルが上がりすぎて苦戦していた傾向がある、でもそれは「仕上がり」勝負が故のこと。このスタイルのみなさんにそういう目線が入りづらいことで、また流れが来るか。

そもそも大会としてラストイヤーが強いのは健全なことだと思うんだよな。それだけ全員が成長し続けている、ということだから。

芸歴が長いほど、経験値が多くて、それが正しく報われることは競技として正しさを感じる。U－18の日本代表に16歳や17歳ばっかり選ばれていたら、個人に対しては賞賛すべきだけど、一方で全体としての教育は機能しているのか、ということになるわけなので。

うーん、すごいワクワクしてきた。

意外といい方向に進むのか大会は。

これからの時代に必要な「ハッピー感」「愛され力」「パワー」、でもこれって本来、賞レース用の競技漫才じゃなくて寄席漫才に必要な要素じゃないか。そこに回帰しているのか？　M－1グランプリが始まる前、オンエアバトルの時代もそういう漫才が強かったと先輩方も言っていたぞ。

競技化、スポーツ化される前にあった本来の漫才の形、あまり分析されたことのない「寄席の漫才」、考えたら何かが持ち帰れるかもしれない。待って一回トイレ行ってくる。

ダークヒーロー

こちらの文章は、2023年7月に開始したWEB連載の記念すべき第1回。どうしてくるまくんの連載が始まったのか、2022のM－1でウエストランドさんがいかにして空気を破壊したのかを考察。初回故にまだ真面目に書こうとしている語り口にも注目だ！

M－1グランプリ2022は2001年から幕を開け中断期間を挟んで18回目の開催となり、近年のお笑いブームも相まって異様な盛り上がりを見せていた。決勝どころかテレビ放送もされていない予選の時点からTwitter（現X）のトレンドを賑わし、ファイナリスト予想が飛び交い、Twitter（現X）のトレンドを賑わしていた。

そんな中、決勝当日のお昼から行われた「敗者復活戦」にて見事復活したのが2021年準優勝のオズワルドだったわけですが、それに続く2位になった謎のメガネとヒゲが令和ロマンなのだ。

テレビ出演もほとんどなく、全国的な知名度は皆無の我々が、スーパー芸能人であるオズワルドのご両人に12万票差まで迫ったのはなぜか。それは、他の芸人がその年に丹精込めてつくった漫才をやる中で、我々が恥も外聞もなく「ドラえもん」をテーマにしたおふざけ漫才をやったから。

テレビやスマホでの国民投票というシステム上、敗者復活戦といっても実際に復活の可能性があるのは有名人、大会にとってもそれはいいことだよねーっと私は思っていました。なので消化試合は消化試合として、たくさん票を集めてみようと考え、安直故に玄人ウケは悪いが、万人ウケするアニメ題材の漫才コントを選び、お笑い好きがキャッチアップしやすい固有名詞やオマージュを散りばめ、テレビ映えする派手なスーツで極端にガンマイクを振り回してやった。

すると全てが上手いこと票に繋がり、ミキ兄弟を抑えて2位に。

これを雑誌や動画で説明すると大反響、あぁ〜こんな考えてたんだ〜！　あ〜あぁ〜言語化だ〜！　とウエストランド井口さんが大好きな展開へ。

そこから僕はお笑いにおける街の言語化屋さんとしてキャリアを始めたわけだけど、2022大会を制したのは、そんな井口さん擁するウエストランドさんだった。

2022は、審査員・ダウンタウン松本さんの総括、「窮屈な時代でもテクニックとキャラクターがあれば毒舌も受け入れられる」に象徴される大会に。

ただ、これでもって「必然だった優勝」とする流れには同意しかねている。

コロナ3年目となり、withコロナと呼ばれ、ほっぺたとマスクが馴染んできた頃、世間にウケるお笑いは閉塞感からの逃避、ではなく新たな現実での幸福論、つまり爽快感はそのままに、よりアクティブなものが求められ、バラエティでも「有吉の壁」や「ラヴィット」など、「主人公」的な笑いが台頭。

これは、コロナ前のコンプラ厳格化期に流行った「誰も傷つけないお笑い」とも少し異なる。「誰も傷つけない」は客体として面白い現象がある感じで、「主人公」は主体としてこちらを明るくさせようと働きかける感じ。

もちろん芸人はみな主体的にネタをやっているんだけど、ネタの世界観にお客さんを引き込むやり方に対して、現実側に乗り出して笑わせにくるやり方を「主人公」と定義しております。そう考えると、ウエストランドさんは主人公でもなければ、誰も傷つけない感じとは真逆の存在だ。

じゃあなんで空気を持っていけたのか、それはもちろんネタが超面白いからなんだけど、僕が思うにウエストランド前に「主人公」が出演しすぎたから、なんだ。

〈TVer の広告〉〈TVer の広告〉

さや香さんは分かりやすく主人公だった。体育会の熱い男前同士のバトル、という漫才アニメの主人公。1本目のウケ方を考えても、間違いなくトレンドにバッチリハマっていた。

ロングコートダディさんと男性ブランコさんは文化系の主人公。ほとんどツッコミがない形はお客さん側に笑いどころを投げかけてくれる干渉型。でもどちらも伝わりやすく、誰も置いてけぼりにしないので全員が参加できてとにかく楽しい。

そしてヨネダ2000は天真爛漫な子どもの主人公。奇想天外な世界に閉じこもるのではなく、リズムやメロディーで客席を巻き込んでいた。

ここら辺が2022決勝の主役であり、明らかにトレンドと合致して最大風速を吹かせていた。

さらにその前後も主人公に挟まれていた。本来主人公ではないタイプに主人公「感」が加わったのだ。

カベポスターさんには「トップバッター」という主人公感。こう書くと馬鹿みたいだけど、前年のモグライダーさんと違い、若手で正統派なしゃべくり漫才師という下地があったため、M－1では不利だといわれているトップバッターという逆境に立ち向かう主人公感が生まれた。

オズワルドさんは「決勝連続出場からの敗者復活」という分かりやすい主人公感。和牛さんやミキさん味も帯びていた。僕らがココで上がっていたらダークホースがつくる第3の空気が生まれ、違う流れになっていたはず。

真空ジェシカさんとダイヤモンドさんは普段かなり主人公じゃないことをしてるけど、M－1のネタはボケ数も多く構成も練られていて、彼らを初めて見た観覧のお客さんや審査員の方からは主人公的に見えるし、逆に2組をよく知ってる人にはこの「勝ちに来てる」空気が、主人公感を増幅させていた。

キュウさんが出てきたときには完全にこの主人公ムードで、もっと干渉してくれるのを客席に待たれてしまった。引き込み型のお二人にとっては最悪の出順だったはず。

敬語警察「さてはこいつ……ヨネダ2000と同期だな……?」

その主人公キラキラ感の積み重ねが全て、ダークヒーロー・ウエストランドへの壮大なフリになってしまっていた。なんてこった。

「YouTuberにはあるけど、タレントにはない」のフリで「やっぱりウザい」。普通は「タレントにはあるけど、YouTuberにはない」で振って、「コンプラ意識」とか「最低限のマナー」とかで展開するネタ。「やっぱりウザい」だと厳密には答えになっていなくて、もうこのクイズのフォーマットを2ボケ目で壊してしまっている。だからこそ井口さんが本心で言っているように見える。

それまでの主人公たちには決して発生してなかったノイズが突き刺さる。正しい、正しい、が積み重ねられると心の奥底で湧き起こる破壊衝動。その人間の黒い部分がお笑いの流行のギアを一段動かしてしまった、たった9本の漫才の間に。

そして整った舞台でアイドル鳥越さん、じゃない井口さんは舞った。トリで3位を取り、そこから連続して2本目を披露できたことでムードは続行、明らかに面白いさや香さんの2本目があの一瞬だけ過去にされてしまった。

ウエストランドさんの漫才は時代をズラす小さなタイムマシンだった。僕はそう考えている。

初出：コレカラ連載「令和ロマン・髙比良くるまの漫才過剰考察」第1回より

寄席

寄席とは

寄席、寄席ね。

正直芸人になる前はあんまり馴染みがなかった言葉だった。東京でいえば新宿のルミネｔｈｅよしもと、大阪でいえばＮＧＫ（なんばグランド花月）、他にも地方の大ホールとかでやってるデカお笑いライブ。ファミリーとか老カップルとか、お笑いライブ初めての人に向けて開催しているセミナー。初心者講習。

出る芸人も知名度の高い組が中心で、「テレビで見たことある人に会える！」的な要素もある。そしてネタも「初見さん」用のものを選ぶので、Ｍ－１でやるようなガチガチの漫才ではなく分かりやすいものを選ぶ。

芸人間でよく言う「今日のお客さん寄席っぽい？」って質問は「お笑い初めて見る人っぽい？」って意味で、よく先輩方が前説の芸人に確認したりしている。

反対に「お笑いをよく見てるお客さん」のことを指す共通語はあまりなく、「お笑いファン」とか「賞レースっぽい」とかで言うけど、僕はその人たちを「**お笑い**」と呼んでいる。「今日お笑いです」とか伝えてる。寄席っぽいお客さんのことは「**ヨセミテ国立公園**」とかも呼んでいる。

とにかく「お笑い詳しくない人」に向けてやるもの、としてわりと競技漫才と切り離されているイメージはあって、なんなら「競技漫才上がった人がやるもん」みたいな風潮はある。実際その要素はあるんだけども。その「寄席」に出演するにはテレビで売れるか賞レースでいいところまで行く（※6）必要があるので、競技漫才がある程度できるようになったところで寄席の漫才にも挑戦する、といった状態にはなっているから。

でもよく考えたらおかしいんだよな。本来「お笑い好きを笑わせる複雑な漫才」より先に「初見を笑わせるシンプルな漫才」を磨くべきな気がするくないか？　まずストレート投げれるようになってから変化球覚えないと、肘とか壊しちゃうでしょ、いや、だから壊してるのか実際。

もともとは「浅草キッド」的なさ、まずはドサ回りというか、営業（※7）で笑ってもらってテレビへ、というものがM－1ブームで「まずM－1で一つでも上へ」という風潮になって、各事務所の養成所もそっちを優先するようになっているんだ。

一方寄席は寄席で、師匠や、ほぼ師匠のような芸歴の先輩方が「背中で語るスタイル」でお送りしているので、そのテクニックの継承みたいなことはされづらく、寄席の漫才とM－1の漫才が離れていってしまってんのか。まずいじゃないか。

ちょっと、いったん僕の解説で理解してもらっていいかな？　東京生まれで漫才ネイティブでも何でもない僕なんだけど、3年目くらいから寄席に駆り出されて、そこでスベりにスベりまくって、それでも何とかするために誰よりも先輩方のネタを袖から勉強したマンなので、**ジェネリック・ジェネリック・ジェネリック師匠**だと思ってもらって話を聞いてほしい。

客層

まず共有しておきたいこととして、寄席で重要なのは「ネタのクオリティ」より「お客さんとのマッチ度」だということ。初見のお客さんというのは必ずしも好意的ではなく、「本当にお金を払っていただいたんですよね？」と思ってしまうほど敵意剥き出しのときもある。とにかくお客さんの様子を見ることが大事だ。

例えば、客席に子どもが多かったら、その子たちに話しかけると親だけじゃなく周囲の大人たちが100パー和んでちょっとウケる。でもかなり**バブバブ**だった場合、泣いちゃうので触れざるを得ない。そうなるとガッツリコントに入るネタや長いボケは中断のリスクがあるから選ばない。いつ泣いてもいいように警戒しながらポツポツとボケていく。たまにお子様がギャン泣きしちゃって、流石にいたたまれなくなったお母さんがお子を抱えて出ていく背中を見ると、「何とか泣き止ませてあげたかった……さらばだ……！」という気持ちでいっぱいになる。

ちょっと大きい子、小学校高学年くらいになると、大人をナメ出して「ガチ私語」が増えてくる。これは調整がむずくて多少はいいノイズになる（音が出ている＝シーンとしているよりは笑っていい空気になっている）んだけど、看過できないボリュームになったら積極的に元凶に話しかける。そうやって注目されると恥ずかしくなって私語が収まることが多い。授業中こっそり同級生と悪さしたいけど、教室の前に出てやるのは違う、って感じ。

中高生になってくると、個人で来るより修学旅行生が大半。より集団意識が高まっているので、みーんなでクスクスしたがる。誰かに話しかけても照れちゃうので、担任の先生をなる早で探してイジらせていただく。いつもありがとうございます。

たまにすごいスポーツ校で、**「先生よりも明確に権力を持っている運動部」**がズラッと並んでいるときは最難関。運動部が笑わないとみんな笑わない。でも運動部はイジられたくないので話しかけても無視か不機嫌になっちゃう。唯一の光明は、その運動部様の明確な格下として振る舞い、「なんだこのザコは」と嘲笑されること。大人のプライドを全てかなぐり捨てて、「もう～同じ学校だったら確実にパシられてましたよ～」という態度で踊ることで、他の生徒も安心して見下すことができ、うっすら笑いを取ることができる。ただ全く割に合ってはいない。

反対に歳上の方々、人生の先輩の方々が多めなときもまた難しい。先輩すぎると夢の中にお住まいのケースも多く、特に（よしもと）祇園花月では非常に観測しやすい。声を出すことへの恥じらいは少ないので積極的に話しかけにいくことが大事。ただ一度火をつけてしまうと**「覚醒」**して喋り続けてしまう先輩方もいるので、要注意。そうなったら若者ではなす術がない。情報源がちゃんとテレビなので、ニュースで毎日飛び交ってる「大谷翔平」とか「藤井聡太」とかで関心をゲットできる。あとカラオケに手拍子を打つ文化が染みついており、歌ネタをやると自動的に拍手がもらえてラッキー。ラッキーとか言っちゃってる時点でだいぶ苦戦してるのが分かるだろう？

ここまでが年齢による「縦の変化」で、ここに地域による「横の変化」が加わっていく。

基本的に都心に近ければ近いほど、お笑いファンもアクセスしやすいので「寄席味」

は薄まる。郊外だと年齢層も高めに、またファミリー層も増加する傾向にあるのでより二世代で分かる題材を選べればベター。

地域によっては放送されているテレビ局の数も少なかったりするので、それによって伝わらないパロディも発生。僕らも「ハモネプ」や「SASUKE」などをモジるネタをやる前にその県のネット局を確認する。番組に加えてCMも違うし、チェーン店とかも気にしなきゃリスト。何も考えず「びっくりドンキーのメニューか！」と言って**びっくりするくらいスベったことがある。**関西ではUSJイジり、関東ではディズニーイジりと切り替える。SuicaとICOCA、阪神と巨人、いや巨人は別にウケないんだよ東京で。もう本当、寄席のお客さんったら縦横無尽！

理解と発声

こうやってお客さんのことを考えていくうちに気づいたのが「寄席の漫才」、「初見向けの漫才」っていうのはシンプルなようで全くシンプルじゃないということ。子どもからお年寄りまでなるべくカバーできるように国民的アニメや小学校の思い出など、できるだけシンプルな設定でネタをすることはたしかだけど、じゃあその設定で普通に漫才をやればいいかというとそうじゃないのよ。

なぜなら、そもそも漫才の構造自体が初見からしたら複雑なもの。テーマが提示されて、ボケとツッコミが繰り出されて、話が展開してオチが来て終わる、っていう基本的な流れ自体を知らないから、バーっとやっちゃうと「見方が分からない……」と思われたままネタが終わってしまう可能性がある。

だからツカミを入れるわけだが、そのツカミも当たり前みたいにやっちゃいけない。ショートコント形式でボケをやり逃げするような「ダサいツカミ」はもってのほか（「ニューヨークのニューラジオ」より）。ちゃんとボケそうな人がボケなければならないのだ。

令和ロマンくんはもともとくるまくんの方が短髪コンタクトでちゃんとしたスーツを着ていたのでボケらしさがなく、ボケれば「急に変なこと言い出した……！」という空気が流れていて最悪だった。

もちろんこれはコンビのバランスの問題で、ツッコミのケムリくんがくるまくんより遥かに男前で髪が決まってたり、長身でスラッとしていたら「あ、流石にこっちの人の方がまともな人だあ」と思われて消去法でくるまくんをボケ認定できたかもしれないが、ケムリくんは髪がノーセット天然パーマで、髭ともみあげが繋がってしまっていたため、「どっちもどっちだあ」ということで見づらくなっていた。

それを何とか長髪メガネ変則スーツで武装したくるまくん、そして肥大化することで威厳を手に入れて説得力を増したケムリくん、というバランスでノイズを除去できつつある。だがまだまだくるまくんのファニーさが足りず、ピリつかせてしまう場面も多々。

あと地方に行けば行くほど肥えていることを「面白い」とストレートに考える風潮がまだ残っているので、ケムリくんの方が何を言っても面白がられる場合があり、そのときは「彼が」ふざけているようなネタをするように心がけている。

そこまで入念にケアをすれば、「どうやら変な人が変なことを言いそうだぞ……」という空気にはなってるので、ボケ始めることができる。

そのとき大切なのが、なるべく早く「音を出させる」ことだ。「はい」、でも、「えー」、でも何でもいい、とにかく「音を出すことは恥ずかしくない」という価値観にアップデートさせないと、笑い声を人前で発するなんて恥ずかしい行為をしてくれないからだ。リビングでテレビを見てるときはゲラゲラ笑えても、電車で面白い動画を見てるときは口角が上がっただけで咄嗟に隠すものだ。

いくらライブ会場とはいえ他人が大勢いる前では無意識にストッパーがかかっている。それを外すためにいったん「僕らのこと知ってる人ー?」とか聞く、そうすると手を上げてくれた人に「どうやって知ってくれたんですか?」と聞いて答えてもらう。当てられた人が理由を答えてくれることによって、「あっ、今って喋っていい時間なんだ」的な空気にする。

厳密にはたくさん私語をされると迷惑ではあるが、多少ざわざわしてるくらいがいちばん笑い声が出やすい傾向にある。「実は芸歴2年目の若手なんですよー」と言えば全体が多少「えー」と言ってくれる。それ自体がウケるわけじゃないが「私だけが目立ったらどうしよう」という不安を取り除くことで赤信号をみんなで渡らせよう作戦なのだ。

これでやっと**「理解」と「発声」という寄席成功の2大要素**が揃った。

「理解」だけされて、お客さんが全員ニヤニヤしてても失敗。「発声」だけ身についても、全員「意味分かんないんだけど」とか呟き出したら学級崩壊だ。どちらも欠けてはならない。

なぜなら「お笑いライブ」だから。

「お笑い」って言っちゃってるから。

コンサートや映画は心の中で感動して満足してる人がいれば十分なのに、「笑い」ってつけちゃったから起こさなきゃいけなくなっちゃってる。「お涙」って映画だったら涙出なかったら失敗感出るだろうに。実はまだ「おもしろライブ」とかの方がマシ。

「爆笑ライブ!」とかもハードルが上がりすぎて逆にツッコみやすい。

「お笑い」て。**なんで「笑い」に「お」つけたんだと。**お味噌汁、とか、お刺身、みたいにちょっと上品に「笑い」って言ったら「お笑い」。

誰が笑ってるっていう意味？　「ひらがな・漢字・ひらがな」3文字で構成されるジャンルの名前なんてある？

完全に言いすぎた。

とにかく「理解」・「発声」が揃ったお客さんが初めて笑ってくれるということ。あ、「なるべく早く」と言ったのは最初の笑いが早く起きれば起きるほど、後半がウケてくるから。

ツカミでウケたら、そこから2大要素を取りこぼさないようにネタを運ぶ。繊細な注意を払って運んでいても、ネタが進んでいけばその展開についていけなかったり、分からないワードが出てきたり、隣に座ってる友達に「面白いねっ」とかミニ私語をしちゃった一瞬で集中力が切れちゃったりなんかして、要素が壊れて離脱してっちゃう人が出始める。逆に途中から2大要素に加わるのはかなり難しい。

よって基本的にウケ量は最初に笑ってくれたメンバーの貯金を切り崩していく形にな

る。ただその初期メンの笑い声が一定を超えて「じ、自分以外のみんなが笑ってる!?」とメンバー外のみんなに思わせられれば、あまり「理解」は追いついていないけど「発声」だけはやってもいいかもという気分にさせることができる。そしたら、初期メンと新メンが合流して、笑いの大合唱。最高。これが最高のパターン。

これが賞レースだと、お客さんが「発声」に前向きなので、初手のボケがウケなくても、「これはどういう意味だろう?」と考え続けてくれるから、意味が分かったとき、「理解」ができたときにちゃんと笑ってくれる。フリを待ってくれるってこと。

例えばニューヨークさんのM－1 2020の漫才「エピソード」だったら、爆笑エピソードを話すって言った嶋佐さんが途中で細かい犯罪をたくさんしていたのを話していって、それに屋敷さんがツッコむというひとボケ目、お客さんも「なんか違和感あるなあ」と思いながら話を聞いていて、ツッコミが決まった瞬間「あ!　そういう違和感か!」と納得して笑いが起きる。

寄席だったら「違和感のあるトークをしてる」って時点でそれが本当に気になって話

が入ってこない、となる人も多いので「理解」も達成しないまま進んでしまうんだ。ということは、最初にやるべきことは「大爆笑を取りに行くこと」というより、なるべく全員を「理解の船」に乗せてあげること。

そこで達人たちがやってることは何だろうって考えると、「顔」だと思う。顔芸。ただの変顔じゃなく「顔」の芸。

寄席最強芸人の一角、中川家さんの漫才は細かいモノマネ芸の連発。車掌さんや大阪のおじさんなどの鉄板ネタの前に、まず「笑顔の切り替え」のくだりで「サラリーマンがエレベーターで先方と別れるときの顔」のくだりから始めてることが多い。これって自分や相方の顔を使って「画像で一言」大喜利をしてるみたいなことだけど、実はそれが最も情報量が少なく伝わりやすいんだよな。台詞や演技というのは、手足の動き、発言の意味などお客さんが注目しなければならないポイントがたくさんあって、大袈裟にいえばマルチタスクを強いちゃってるんだ。

それによって船に乗れない人が出てきちゃったら、そのモノマネの内容がどれだけ面白くても意味がない。だからまず「顔」にフォーカスして笑いを誘えば、とりあえず顔だけは「理解」がクリアになってる状態。最初は全身モヤがかかってるみたいな状態で、まず顔が見えて、次に声のモノマネで喉が見えて、舞台を広く使ったボケで手足が見えてくる、って感じ。モンハンのマップみたいなさ、最初は「???」になってるけど、移動したらそこが見えてくるみたいなさ。これ「顔」の中でも目とか鼻とか「顔の上半身」な気もする。子どもって「顔の上半身」好きじゃない？ やっぱり人間が本能的に見るのは話している人の「目」なわけで、そこが寄席お笑いのど真ん中、ＢＵＬＬなんだと思う。

あとサラッと言ったけど、最後に舞台を広く使うってのは賞レースでもオススメテクニックとして語られるけど、こういう理屈だったんだ。見てるのは賞レースのお客さんだから初めからたくさん動いても「理解」してくれようとするだろうけど、演者の存在が鮮明に見えてからやると最大の効果が得られる技なのかも。

ベテランのみなさんがやる「顔が芸能人でいうと○○に似ててー」とか「すみません○○みたいな顔して」というお決まりのツカミたちも、単純に顔を覚えてもらうためにはやった方がいいのかな、くらいに思っていたけど実は「顔」へのピントを合わせさせ

る技でもあったんだろうな。こういうお決まりのものって、若手から見るとクラシック
に見えてしまうけど実際現代においても意味があるということだよ。だいたい人間なん
てそんな大きく変わってるわけじゃないもんな。
ちなみに令和ロマンくんの「顔芸」はケムリくんが鳥羽周作さんに似ている、の一本
でお届けしている。サザエさんもびっくりの脆弱さ。考えないとな。

ここまでで寄席漫才の「根幹」が見えてきた。プリミティブでフィジカルな部分だ。
じゃあフェティッシュな部分は何なんだろうか。
いやちょっと待って、今ふざけてハリソン構文を使ってみたけど、これハリソンかな
りいいこと言ってないか？
プリミティブ＝原始的な、お笑いを初めて見る人に向けて「人が人を笑わす」という
初歩の部分と、フィジカル＝肉体的な、視線を顔に集めるような身体へのアプローチの
部分、それが肝心。その上でフェティッシュ＝異常な興奮や執着があることが漫才とし
ての「個性」になってくる部分だ。すごいぞハリソン。フェティッシュがなければ寄席
漫才マシーンになってしまうもんな。

また中川家さんになっちゃうけど、キレキレの鉄板ネタの間に剛さんがアドリブで細かすぎるモノマネを放り込んで、礼二さんが笑いながら「誰も分からんやろそれ（笑）」とツッコむ時間、あれまさにフェティッシュ。二人だけしか笑ってなくて、ある意味お客さんを置いてってるんだけど、置いてかれたからこそ追いかけたくなるんだよ。

プリミティブでフィジカルな部分がお客さんに「見下される、愛される」要素だとしたら、フェティッシュな部分は「見上げられる、尊敬される」要素、これ1：1じゃダメなんだ、フェティッシュが多すぎるんだ。それだと突き放しすぎている。2：1の割合で、1／3に留まってるくらいがちょうどいいアクセントになっているんだよ。割合まで教えてくれてるよハリソンが。地面師も漫才師も「師」だからなのか？　地面っていうのは「舞台」みたいな意味なのか？　まさか寄席の凄みを分解したらハリソンに辿り着くとは思わなかった。いつかNSCの先生とかもやってほしい。お酒は我慢してほしい。

こうやって地面師でふざけると「芸人は地面師の話しすぎ（怒）」とお叱りいただい

ちゃうのでもうやめよう。もう遅いか。一つ言わせてもらうと、芸人だけが地面師とかドラマを見すぎてるんじゃなくて、Netflixのランキングで1位になるくらい日本中で流行っているもので、その上芸人はお喋りする職業だからみんなの耳に入っちゃってるだけなんだけどな。それでいったら野球の話だって、上の世代ならプロレスの話だってしすぎだけど、それはそのとき日本で流行っていたものってだけだからな。

完全に関係なくなっちゃった。とりあえず寄席に重要なことは地続きで賞レースにとっても重要ということ。そもそもそうだし、さらに今はトレンドがそっちに向かっていこうとしているからさらに根底から学び直す必要があるということ。

そうなると、競技漫才と寄席漫才のように何となく分けて考えていたものを過剰に考えることが何かしらの発見に繋がるって話で、一つ思いついたのが東京の漫才と大阪の漫才、その違い。上方漫才の起源とか、対立の歴史とか、なんかそういう「事実」の話はよく聞くけど、どう違っててそれが現代の競技漫才にどう影響を与えているのか、ここは競技↕寄席のとことと逆で勝手に一緒のものになっている話な気がする。

ちゃんと分けるとしたら何なのか。工藤新一と服部平次の違いはどこなのか。それは色か。

東と西

もちろん最大の違いは「標準語」と「大阪弁」の違い。**大阪弁という漫才における「標準語」**。当たり前っちゃ当たり前なんだけど本当に重要で、江戸元禄期に文化と共に花開いたとされる大阪弁はとにかく漫才向き。商人の街で磨かれ続けたセールストーク用の言葉たちは、お客さんの懐《ふところ》に速く、短く飛び込めるデザイン。

それを漫才に落とし込むと、同じ台詞でも音的に短く済むため、間を取って喋ることもできるし、さらに違う台詞を詰め込むこともできる。アクセントが語尾にあるので、語頭を少し端折《はしょ》っても伝わりやすい。「なんでだよ」は「なん」にアクセントがあるのでそこと前のボケが被ると分かりづらいけど、「なんでやねん」は「やねん」が大事なのでぶつかっても大丈夫。だから「ってやねん」くらいしか聞こえなくても平気。ダイアン津田さんとか常にそう。

まあ洋楽と邦楽の違いみたいなもんで同じ意味でも英語の方がギュッと詰まってる。この質量が大事なんだ漫才においては。ただの会話の質量を100としたときに、大阪弁を使うだけで120くらいに膨らむ。**そのオーバーした20が観客に「普通の会話ではなく、作品性がある」と思わせる。**極論何もボケなくても、ちょっとすごいことしてる感がある。最近でいえば金属バットの友保さんの「しゃーで」とかがそう。

標準語を並べても100喋ったら100のまま。だからって西のスピード感に対抗しようとすると、それはただの「早口」になって、会話に不自然さが生じて聞き取りづらさや分かりづらさへと繋がる。

でも大阪弁の漫才をスピードで考えたときに、速いしゃべくり漫才はあるけど速い漫才コントはあまりない。最近だと、**真空ジェシカさんのテンポは大阪弁ではできないと思う。**例えばマユリカさんのネタだったら、ちゃんと中谷さんが「これはどこの車ですか？」って1回フリをつくってから「イヌイです」って阪本さんがボケる。でも、真空さんだったら、多分いきなり一発目で「イヌイの軽自動車です」って川北さんがボケて「知らない国産車やだなあ」ってガクさんがツッコむ、いきなりボケがスタートのスタイルになるはず。

大阪弁の漫才コント勢は、ダイアンさんスーマラさんとかもみんな一緒で、ちゃんと振ったりリアクションを取ったり、東京の漫才コントと比べるとちょっと遅い。和牛さんなんてより遅い。それはやっぱりそれぞれの言葉の持っている特性もあるけど、関西の人は新喜劇とかしゃべくり漫才とかを聞いて育っているから、フリっていう文化がものすごく根づいていて、ボケをやる前に1回フリがないと多分気持ち悪い体になっている。ボケるときに1回必ず「こういうことありますよね」って言ってからじゃないとしっくりこないというか。

関西は話者がツッコミ↓ボケ↓ツッコミの順番になっていて、この3つが1セットになるからひとくだりに1．5倍ぐらい時間がかかるのか。

その方が万人受けする時代もあったんだろうけど、今は全てにおいて万人受けするっていうものがなくなってきてるから、一発のパンチが強くないと生き残れなくなるかもしれない。

そう考えると標準語のよさはボケが際立つことにある。間違いのないように設計された敬語ベースの言葉たち、その隙間にポンっとボケが入ると、そのギャップが大きい分、聞き手の予想を鮮やかに裏切ることができる。**それ故会話としてのスピードは出せなくても、ボケ一発のパワーがある。**漫才コントのボケ役は、その場面にそぐわないことをし続けるわけで、ある意味会話としては成り立っていない状態になってしまっているけど、それが対話として完成度の高い大阪弁だと悪い意味で違和感が生まれちゃうんだよな。やっぱり関西では「フリ」が重要視されてて、その流れに沿った範囲でしかボケづらい。

言葉として独立している標準語は次々アナーキーにボケていってもそれが成立しやすい。東京ダイナマイトさん、トータルテンボスさん、メイプル超合金さんなど、文字に起こして読んでみたらだいぶ支離滅裂だけど、急に面白いこと言う主役と、それ対して反応する相方、という構図が漫才の一つの型になっている。

ボケそうでボケる大阪弁の様式美に対して、ボケなさそうでボケる標準語の意外性。スピードの大阪、パワーの東京。**うん、何かそれっぽくなってきたな。**

フィクション・ライン

さっき寄席のお客さんの話をしたけど、大阪のお客さんたちは例外的に漫才慣れしていらっしゃる。テレビでもよくやっているし、新喜劇や他のバラエティ番組なども芸人さん中心で「漫才的」な会話が浸透している。大阪でご飯食べてるとき、隣の席のカップルの会話とかめっちゃ漫才だしな。いやこれ今日びそんなことないとか思われがちなんだけどホントにそうで、みんなクオリティに差はあれど漫才の「型」を感じる。物心つく前から空手教えられてるから、普通に喧嘩してもちょっと型出ちゃってるみたいな。

だから逆に「漫才じゃない時間」に厳しい。

東京で活動してた私が関西の劇場に出るようになって最初に感じた違和感は、「ツカミ」がウケないなぁ、という部分。特に、ネタに関係のない自己紹介的ツカミ。さっきも言ったようにそれまで関東では、自分たちのことを知らないお客さんが多いときは必ず、コンビ名と個人名を言うだけでなくて、ツカミとして学歴や運動歴などを絡めたボケを入れてから本ネタに入るようにしていた。そこを疎《おろそ》かにするとお客さんの集中力が低く、ウケにくい傾向があったから。5分出番があったら1分はツカミに時間を割くようにしてた。

でも関西ではそこがウケず、まずいと思ってさらにツカミを追加するもウケず、本ネタが2分ほどしかできずウケず終わる、っていう地獄を一回通ったことがある。

多分「そんなんええから早よ漫才見せてや」って思わせちゃってた。**漫才の見方は分かってるからこそ、ツカミが蛇足。**甲子園での試合前に、野球ファン向けにわざわざ野球のルールを説明しているようなもんだった。

発せられる音、そして聴かされる耳。この組み合わせがさらにどう漫才を変容させているのか。

大阪ではスピード言葉を玄人が審査していき、東京ではパワー言葉を素人に啓蒙していっている、といえそう。

お客さんの理解が深い大阪では、漫才を深い地点からスタートできるので、**フィクションのラインを高く設定することができる。**例えば「刑事と犯人」の漫才コントをするときに、「刑事って憧れますよねえ」という台詞のみでスッとコントに入っても受け入れてくれる。

一方東京だと「僕が刑事をやるので、犯人をやってほしい」などと理由を明示することで、一応本当のこととして役を演じる。

僕は大阪の先輩方の漫才を初めて見たとき、正直「う、ウソつけ〜！　そんなスピードでツッコめるか〜！」って思っちゃった。

この時点で漫才ネイティブたちについていけてないわけだよな。

そんで大阪ではどんどんフィクションのラインが上がっていった先に、様々な傑作が生まれた。

ブラックマヨネーズさんの「喧嘩」も、格闘技の提案に対して吉田さんがボケるのは当然として、さらに小杉さんもボケた提案で返し、それにツッコまずにボケ返す吉田さん、というスーパーフィクション会話を面白く受け入れるという境地まで、漫才と観客が成長を遂げていった。そのラインはさらに進化し、さや香さんやダブルヒガシさんのように、その引き上げられた漫才偏差値の上で輝く漫才が次々生まれている。

一方で東京漫才は、レベル上げがしづらい環境でそれでも鍛錬を積もうとした結果、よりクローズドな漫才が進化。

初期M－1でいえばおぎやはぎさん然り、POISON GIRL BANDさん然り、観客を迎えに行くのではなく、**二人でつくり上げた異世界へ誘い込むスタイルが心を掴む**。台本はフィクションでも、それを演じる人間はノンフィクションであり、本当に変な人たちが話していると思わせるわけだ。

そうすればどんな変なことを言っても大丈夫。上方漫才であればボケ（変なこと）へのフリ（普通のこと）が必要だが、変人認定をもらっておけば突然造語をぶつけられても「やっぱり変な人で面白いな」と思ってもらえる。

最近だとマヂカルラブリーさん、錦鯉さん、ウエストランドさん、みなさんその人間。そしてその「変な人認定＝キャラクターがつくこと」がテレビ的な強さも兼ね備え、漫才の外に出ても同じイメージで活躍しやすいんだろうな。芸人以外のタレントさんも「どう話しかけたらいいか」がすぐ分かるから。


それに対して「大阪芸人は二度売れなきゃいけない」とよく言われる。

大阪で売れてテレビに出ても、上京したらそれがリセットされ、またイチから売れ直さなければならない、ということだけど、それもやっぱり漫才のレベルが高すぎるからだと思う。フィクションのラインが高いから、芸人以外がなかなかついてこれない。

それが視聴者に伝わってしまうから、漫才的なやり方でなくテレビ的なやり方でイジられて、負け顔を見せて一つのキャラクターを獲得する、という手順が必要になる。


これほど東と西の漫才は違う。だけど東の漫才は徐々に「西ナイズド」されていっていると思う。もともと完全に違う文化だったものが、さんまさんや鶴瓶さんの「来東」(らいとう、上京の新しい言い方、今考えた)によってテレビから大阪弁が広まり、紳助さんとか、ダウンタウンさんとかナイナイさんとか、どんどん東京のテレビで大阪弁が流れる量が増えていって、お茶の間に浸透していった流れがあるでしょ。で、その影響で僕のような94年生まれは大阪弁に対して何の疑問も抱かずに育っていったわけ。芸人のモノマネをしてみてって言われたら多分「なんでやねん!」が一個目に出る人が多いと思うし、それくらい日常化した。

そうなると、大阪弁を喋りはしないけど「聞いてる」わけで、耳が関西化するようになって、そのスピード感についていけるようになったんじゃないか。それに加えて携帯電話、スマートフォンの普及による「若者言葉」の急増、文章を送り合うからこそ生まれる「略語」、そのスピード感と大阪弁の相性は最高で、今流行ってる「知らんけど」とか「ホンマごめんやで」とかスラング化する大阪弁はめっちゃ多い。この「めっちゃ」も大阪弁らしい、びっくり、もう全部じゃん。

要はとうとう大阪弁を「喋り出している」といっても過言ではない状況にはなってきていて、若い世代は感性がだいぶ大阪の影響下には置かれている。そして大阪芸人の来東（らいとう、上京の新しい言い方、もう使うのやめたい）するパターンが増えて、向こうで完全に売れてこっちでもテレビで勝負するんや！　の時代だったのが、劇場の芸人もこっちに来るようになったことによって「西のネタ」がお客さんの目に触れる機会が増していった。

これは吉本だけじゃない、さらばさんやAマッソさんのような脱竹組もそうだし、ヤーレンズさんやファイヤーサンダーさんの脱吉組もそうだし、その活躍によってライブシーンのお客さんのフィクションラインは大阪程度まで引き上がって、そこに当てるネタを東京芸人もつくるようになったから「西ナイズド」されたってことなんだ。

またコロナもあって、テレビの絶対王政が崩れたところに、「劇場を大事に」という大阪の考え方が東京芸人にもちょうどフィットした。そこでそれぞれのYouTubeなんかでもコラボしたり、シェアハウスが盛んになったり、劇場以外でも芸人が個人戦から団体戦気味になっていった。するとお客さんも「箱推し」的な見方をできるようになって、それが内輪化＝アイドル化にも一役買ってるのかもしれない。

ある意味「侵略」だな。客も演者もやんわり改宗させられていってる。そこは意識してなかったところだと思う。音楽のように制作の過程でジャズとファンクが混ざり合っていった、とかではなくてもっと物理的に、いやフィジカルに、大阪が大阪のお笑いで東京を埋めていってるんだ。

その坩堝《るつぼ》の中で、大阪の部分を忘れずに東京のいいところを取り込んだり、その逆ができる人たちは視野が開け選択肢が増え、技量も上がっていくんだろう。

でもだったら「西」以外も流れ込んでいるよな。そもそも大阪自体もいろんなものが流れ込んでいるわけだし、もっと「南」とか。東京だったら「北」もだ。東西南北まで考えてないな誰も。何が混ざっているのか、それぞれの要素は何か、愛を込めて、マンテカトゥーラ。

南と北

まず九州・沖縄、「南お笑い」を考えるか。博多華丸・大吉さん、パンクブーブーさん、天竺鼠さん、とろサーモンさん、スリムクラブさん。

西の延長か、いや、西の笑いが「ツッコミ→ボケ→ツッコミ」のツッコミ主導だったのに対して、ここら辺のみなさんはボケ主導だ。**ボケがやりたいことをやっている漫才。**からし蓮根さんもそうだ。あーだからフリ重視の大阪漫才コントの中でスピード感違うのか。**何がそうさせるんだろう。**

関西のように新喜劇や寄席の文化ではないはずで、強いていえば**全体的に「宴会」の気配**がある。ボケというか「本日の主役」みたいな人が前に出てきて変なことをする、陽気だから突然ボケる。

それを基本的に受け止めながら、度が過ぎたときに「やめなさい。恥ずかしい」とツッコミがたしなめている感じ。ボケに対して言うというより、宴《うたげ》の参加者に向けて「**すみませんこいつこういう奴なんですよ**」という説明のニュアンスもある。その場の空気を壊さないように補足してくれてるような。

華大さんはそのまんま「九州のおじさん」というネタがあるけど、他のネタでも大吉さんはお客さんに向けて華丸さんのフォローをしてる。

よく福岡の劇場に出るけど、後輩でもそういうバランス芸人が多い。飲み会のノリをそのままやっているというわけじゃないけどちょっと影響を感じる。ボケが当然にボケとして存在してる、という言い方なのかな。

関西は会話のベースにボケが挟まっている感じで、その人が丸ごとふざけているわけではないというか、「邪魔するでー」「邪魔すんやったら帰ってー」「あいよー」と口では誰でもできるけど本当にそんな人がいる感じじゃないというか。

天竺鼠さんやデルマパンゲさんのラインも分かりやすいボケがボケ然としているコンビだ。それをツッコミなしでやるとバカリズムさん、吉住さん、永野さん、あぁ～しらきさんのように独特のピンネタができ上がる。コントだけどロバートの秋山さんもボケ一人で完結できる強さを持っている。

そう考えると「北お笑い」は逆に**ボケ・ツッコミ二人の世界**な気がする。

タカアンドトシさん、サンドウィッチマンさん、トム・ブラウンさん。北海道・東北、北陸もそうか、寒い地域のみなさん。

ボケ主導で「南」よりちゃんとツッコんではいるけど、二人で合意の上でじゃれ合ってるというか。**めちゃくちゃ仲良い同級生のノリを覗き見ているような感じだ。**

トム・ブラウンさんはいわずもがな、タカトシさんの「欧米か」も「○○か」っていっぱい言う遊びっぽいし、サンドさんの「いちばん興奮するのは～」って入りもこれからじゃれ合いますって宣言みたいなもんだ。

何なんだろうなこの感じは。

土地柄としては「南」が外向的で「北」が内向的、みたいなのをざっくり言われるけど、**そこから芸人になるような人は「北」でも外向的**なのか。

内向的な中で外向的＝限られた家族や友達に対して外向的、だからクローズドなノリで盛り上げるのが上手いのかもしれない。

ランジャタイの国崎さん、ロングコートダディの堂前さん、TONIKAKUさん、なんか分かる気がする。

天竺鼠・川原さんと国崎さんの違いとかもこれかも。

どちらも天才で自由に自分の空間をつくって周りを振り回せる人たちだけど、川原さんはお客さんに話しかけるボケが多くて、国崎さんは伊藤さんにしか向いてない。

あと新潟出身のケビンス・山口コンボイ氏が「新潟は雪降るから家でめちゃくちゃテレビ見る。ローカル番組も関東・関西どっちも映るからテレビの影響が濃い」って言ってて、その要素もあるなと思った。

南お笑いにとっての「宴」、北お笑いにとっての「画面」。

M-1ツアーで全国を回ったとき、都心に近づくほどコアなお笑いファンが多くて地方に行くほど寄席っぽいって原則がある中で、**「北」はお笑い全般詳しいわけじゃない**

けどM－1だけ詳しいって感じがした。

カベポスターさんがツカミで「この中にずっゼリがいるわね？」とかM－1を踏まえたボケを入れて拍手笑いを取っていたので、「お笑いファンかな？」と思い、結構複雑なネタをやるとそれはあんまり、みたいな。M－1の画面を真剣に見てくれているからそのインプットだけ濃いんだと思う。

そうやって集中して見たものを家族や友達とシェアするのが得意な人が芸人になっていく、それで独創性とコミュ力が両立してるケースが多いのか。

そう考えると**時代の流れは「北お笑い」**だな。

テレビは衰えてもYouTubeをはじめ画面の数は爆増、天候に関わらずに全国が夢中になっている。

そんな中、対画面への熱量を持つ「北お笑い」はこの時代を先取りしていたともいえる。現にHIKAKINさんは新潟出身だし、はじめしゃちょーさんは富山出身、YouTubeに大事な内輪性を北で身につけて飛び立っているんだ。

これからどんどんYouTubeネイティブの子が増え出して、漫才もその層に刺さるためのヒントを探しているけど、それは意外と「北」にあるんじゃないか。

ポッドキャストの進化によるラジオブームも、画面ではないけど「二人の会話の盗み聞き」的なもので「北お笑い」の要素がある。

それに近い感じで**コンビ仲が良い芸人もブーム**であり、それは「北お笑い」の同級生ノリに近い。例えばマユリカさんはネタ的には関西だけど幼稚園からの幼馴染という特殊性が「北お笑い」属性を帯びている。ヤーレンズさんも出身は関西だが漫才のつくりは関東的、それが近年の「ボケすぎるくらいボケる」というスタイルになってさらに共犯性が高まり、北に近づく。

そしてそういった需要があるから「北お笑い」的コンテンツが増え続ける。

それによってファンが追わなきゃいけないものが多すぎている、という現状もある。

昔は劇場とほんの少しのテレビ、くらいだったのが今やYouTubeに自主ラジオ、ネット番組にお笑い雑誌、漫才過剰考察とかいう謎のコラムなど大量発生しており、**お笑い**

を楽しむにはお笑い〝しか〟見る時間がない、というポスト（旧・ツイート）をよく見る。

演者側も、お笑い以外のカルチャーを使ったボケへの反応が年々薄まってるとは思っていた。ダンビラさんの「カラオケ」のネタの一発目、BUMP OF CHICKENの『天体観測』の伴奏を口で歌うところが決勝で伝わってなかったのも、シンプルに知らなかったんだと思うんだよ。YOASOBIの『アイドル』が伝わっていたのは生活してる中で自動的に入ってくるレベルの曲だったから。『天体観測』は若い世代はサブスクとかでディグらないと見つけられないし、それをしてる暇はない。

そしてそれこそカラオケで誰かが歌ってるところからも吸収できる「あるある」だけど、コロナ禍でカラオケの「あるある」って結構破壊されちゃったのよ。居酒屋とかボウリングとかもそう。

もちろん今はコロナはある程度おさまってるから行ってる人は行ってるんだけど、前ほど脳みそに刻まれてる感じがない。

「南お笑い」の弱体化はそこにもあると思う。

でもじゃあなんで決勝には行けたんだって言われるかもしれないから言っとくと、準決勝袖から全組見てて、ダンビラさんめちゃめちゃウケてたのよ。ウケてたけど1000人のお客さんの内400人くらいが大拍手笑いしてて、残りが拍手のみ続いてる感じだった。

それが決勝で観客数が減り、伝わっていなかった層が残ってしまった感じだと思うんだよな。それともちろんネタバレもあるけど。

そんで一方でネットミーム化しているもの、僕たちが2022敗者復活でやったツカミ「下着でUSJ」とか、真空ジェシカさんの「オレでなきゃ見逃しちゃうね（出典：『HUNTER×HUNTER』）」とかの吸収は速い。ゆっくりご飯食べる時間はないからウイダーinゼリー（現・inゼリー）で済ませて出社してってるような感じ。

「北お笑い」は二人の世界を覗き見るから自分の知らない単語やノリがあっても大丈夫そうなんだけどそこはちょっと違うんだろうな。二人の〝閉じた〟世界が好まれるから、

自分たちが住んでいる〝開いた〟世界の知らない「あるある」には「知らないな」って思っちゃうのよ。

ファンタジーな単語とか造語はいいの、それこそ「ずっゼリ」とか、「Z画館」とかは知らなくていい別世界の言葉だから「**知らない気持ちよさ**」があるの。

経緯は違うけど、僕も子どもの頃見てたテレビの「知らないノリ」が大好きだった。「とんねるずのみなさんのおかげでした」でマッコイさんとか石田GPとかのイジられてる感じが面白かったのはやっぱりテレビ業界という全く知らない世界の話だから物語的に面白かったんだ。

それにおばあちゃんが「こいつらの若い頃は～」とか入ってきて知ってる感じ出されると急に萎えてた。

それは疎外感感じちゃうから。

大事なのは世界を閉ざすこと、画で楽しませること。

千鳥さんが確立してるフォーマットはちゃんと流行も抑えてる。

「相席食堂」然り、「クセスゴ」然り、お笑いを外から覗き見てる形。「この見方がありますす」って紹介する感じじゃなくて、一緒に覗いてるような気持ちにさせてくれるのは二人の魅力。

「相席」でいえば、覗き見る対象は芸人以外の変わった人のときもあるわけで、それは「南お笑い」。そのロケ先と中継を繋いでフォローするのは「南お笑い」のツッコミだけど、そこを別の場所からモニタリングすることで「北お笑い」の笑いどころもつくっている。

そういうメタをポップに取り入れられると支持層がグッと増える感じがあるんだな。

ボケ主導でボケが客席に向き合う「東」。
ツッコミ主導でコンビが互いに向き合う「西」。
ボケ主導でツッコミが客席に向き合う「南」。
ボケ主導でコンビが互いに向き合う「北」。

それぞれの素材の傑作は出尽くしてる中で、それらの「混ぜ方」の勝負になっているんだ。
もう料理じゃん。料理とか、音楽とかスポーツの領域に辿り着いたんだよ漫才が。すごい。すごいよ。

新M－1としては第1章、第2章ときて第3章の始まりかもしれないけど、漫才としては**「大いなる1周」**が終わったんだ。これが認識されていないから、「年々漫才のレベルが上がってる」っていうひとことで片づけられちゃうんだけど、実際は「漫才のパターンが増えている」って言った方が正しい。「西」出身でも「北」っぽい要素を入れた漫才をやっているコンビを「西」の定規だけで測ってしまうと「今まで見たことないパターンだ＝レベルが上がったんだ」と思ってしまうんだ。

新しいものへの評価が高いことはいいことだ。いいことなんだけど、いつまでも漫才が直線的に進化するフェイズだと思ってしまうと、どこかで無理が出てくるんだよ。「これは○○さんのやってたネタに近いんじゃないか」とか悩みすぎてネタを捨ててしまう後輩の話をよく聞く。もう漫才が完成している以上、ある程度似てくることは仕方がないことなのに。丸パクリはダメだよ、でも寄席の技法とか表現っていうのは受け継がれていくものだし、その上でそのコンビごとの姿形や生まれ育ちでしか出せない味が出てきて、それを「個性」と呼ぶというのに。

ある程度正解のレシピ、正解のトレーニング法、正解のコード進行、みたいなものが漫才でも分かってきたからこそ、芸術性を高めようと肩肘張るんじゃなく、もっとカジュアルにこの漫才という娯楽を楽しんでいこう。見る側も、やる側も、完成を踏まえた上で感性を信じてほしい。映画や料理と同じように、正解の感じ方はない。他人が面白いと言っていても自分には刺さらないことがある。その逆もある。だから自分だけ笑ったっていい。どんだけ配信が売れてても興味なかったら見なきゃいい。たまたま好きになった芸人だけを追いかけていい。自分だけが面白いと思っているネタをやってもいい。なぜならそれは不正解ではなく、完成された漫才の範疇なのだから。

人それぞれ。人はひとりだけどひとりじゃない、だけどひとり。その上で完成の先を目指したっていい。まだ円周率を探求してる学者だっているんだもんね。

完成とは、絶望じゃなくて希望なんだということだ。これか、**これを伝えるために令和ロマンは優勝したのか。**よかった。ものすごく視界が開けた。

そんな希望の時代、誰もがオンリーワンの時代だからこそ、ナンバーワンを決める大会の価値がある。認め合った上で競い合う豊かさがある。

「北お笑い」優勢な流れはあれど、完成が故の拮抗が見れるかもしれない。２０２２のように「北」が多すぎたら「南」が刺すかもよ。タイムマシンというより瞬間移動装置が起動しちゃうかもよ。

こうやってグー、チョキ、パーがやっと揃った状態でじゃんけんが始まっていくんだと思うとワクワクするな。もう変に「歴代最高得点」とか「最年少記録」とか気にする必要もなくなったし、いや気にしたければ気にしていいんだけど。

本書としての結論めいたものは出たな。

でも少しページ数が足りないらしいや。

じゃあ、あえて漫才がまだ未完成な場所を求めてみよう。
そしたらやっぱり「国外」になってくるよな。でもちょうど思うところもある。
もう少しお付き合いを。一部地域の方はここでお別れです。

世界

2024年、大きな動きといえば「世界進出」である。

「ゴット・タレント」に参加する芸人が急増し、ゆりやんレトリィバァさんも拠点をアメリカに移すと発表している。アメリカだけじゃない。2023年にはイギリスのエディンバラでジャルジャルさんが単独ライブを行い、今年はNON STYLE石田さん作のノンバーバルコント、台詞のないお芝居が上映された。さらにアジアでも、エルフの荒川さんのギャグが韓国で大バズり、吉本興業も釜山で新喜劇ツアーを敢行した。

一気に動き出した感じがあるけれど、これ自体は自然な流れだと思っている。

まあどの業界でもそうだろうけど、日本での成功っていうのは何となく頭打ち感があって、お笑いでいったら「テレビでの天下」ってものの天井は既に叩いてしまっている。もちろん「水曜日のダウンタウン」とか面白い番組はたくさんあるけど、それがまたドリフみたいに日本中を巻き込んだ一大ブームになって芸人がスーパースターになれる！ってのは想像しづらいわけだし、そうなると「今まで誰もやってないことをしたい」というクリエイター魂の行き先は海外に向かっていくものだし、企業も日本の人口減少をそろそろ真剣に考え出した上で利益を画策すると海外に視線が向く。

でも、多くの芸人にとって、そこまで壮大なプランは自分とは無関係で目の前のことに精一杯。だから世界進出の流れはお笑い界全体には波及しない、というのがこれまでの通説だったわけだけど、今回はそうならないんじゃないか。

国内にはないチャンスが転がってるかもしれない、とみんなが強く思い始めているような気がする。それは、シューマッハさんが「ゴット・タレント」で日本人初のゴールデンブザーを獲得したのも大きい。あの動物モノマネのネタは彼らの往年のネタであり、国内ではそこまで日の目を見ることがなかったのに、それが世界で花開くなんて！　という衝撃が芸人界に駆け巡った。

その結果、シューマッハさんが国内でどういう利益を得たのか、はあまり重要ではない。社会人的にはいちばん重要なはずの部分だが、芸人というのはある一定以上の成功を目撃すると、その現象に対して急に楽観的になる生き物だからである。

YouTubeのときもそうだった。それまでは散々YouTuberを「謎の存在」として敬遠していたが、カジサックさんとか何人かの先駆者が上手く行き出して、どうやらお金になるらしいと気づいた途端、全ての偏見のモヤが晴れ**「へー、やってみよっかなー」**と動き出す。仮想通貨もそう。NISAもふるさと納税もそう。かわいいなあ。

以前からウエスPさんとか、ゆりやんさんとかが「ゴット・タレント」に出ていたときは、**「すごいね、でも俺らには関係ないけどね」**って言っていたけど、とにかく明るい安村さんが、チョコプラさんがジェラードンさんが、となると一気に現実味を帯びて参加意欲が湧いてきてるのがルミネの楽屋でも観測できる。大量のセカンドペンギンたちが氷の上を滑り出している。かわいいなあ。

最近は芸人がようやく流動的になり始めたタイミングだ、というのもあるなあ。
大阪からの上京組は年々増加し、今年は10組以上がやってきた。数年前までは、舞台でネタを磨いたりローカル番組に出られる安定の大阪と、全国ネットのテレビに一発で出られるギャンブルの東京といった〝イメージ〟で均衡が保たれてきた。

しかし、東京にも新しい劇場ができたり、地上波以外にもネット番組が始まったり、ラジオアプリが「ローンチ」されたことで、莫大な雇用が生まれ、安定感が増していった。一方で大阪は上の世代が詰まっており、諸々の出演枠も多くなく、また新しいサービスも上陸しづらい状況が続いて、東西の格差が浮き彫りになってしまい、新たなチャンスを求めて**芸人大移動**が起こっているのだ。

もちろん、大阪の劇場にしかない文化や、漫才を鍛錬できる環境はあるだろうが、金銭的にもロマン的にも一度東京で勝負を、という「国内から国外へ」という風潮のローカル版は今後も起き続けるだろうと言われている。

だからこそその勢いで一気に大阪から世界へ、というトランジットなしの冒険も始まりうるのかなと。

個人的にもこの風潮には飲まれかけている。Netflix や Amazon の番組に出演すると、やっぱりここには噂通り巨額の予算があるんだという事実をまざまざと見せつけられるし、「ドキュメンタル」は「LOL（Last One Laughing）」という名前で世界中でリメイクされて、とんでもない金額が動いている、というのを耳にすると、もちろんお金が欲しいという気持ちも分かるし、何よりこれだけの大舞台で勝負してみたいという気持ちがくすぐられる。かつての舞台芸人が地上波テレビに対して高揚したように、より強い光に集まっていく。永野さんの言う通り、漫才師は明転した舞台に飛び込んでいく蛾のような習性があるので。

そうなってくると、今のところTT bros. やWearing Pantsみたいなことが受け入れられてる中で、漫才が評価される日は来るのだろうかと思う。もちろん言語の壁がある、でもそう遠くない未来に**漫才は海を渡るんじゃないか。**

そう思ったのは、映画『ゴジラ－1．0』のVFXを担当した野島達司さんという方に興味深い話を伺ったからだ。

日本人は外国映画を観るとき字幕か吹替で観るけど、アメリカ人は吹替でしか観ない。もちろん多くの国際向け映画は英語で撮られているため、そもそも吹き替える必要がない場合も多く、字幕など意識もされてなかった。

それがコロナでNetflixが爆発的に流行し、その中で「英語吹替のない外国の作品を英語字幕で観る」ということを覚えた。それによって吹替を用意していなかった『ゴジラ-1.0』も向こうの映画館で字幕版がちゃんとヒットした、という流れらしい。

もちろんもともとあるアメリカでのゴジラ人気前提ではあるが、この字幕の話はなるほどなと思った。勝手にアメリカでの勝負は全て英語だと思っていたけど、日本語のままいけるかもしれないんだ。

そしてアニメ業界の人曰く、この字幕ブームはアニメにも来ており、従来人気ではあるが内容的にはざっくりとしか吹き替えられず細かいところまでは拾われていなかったアニメが、しっかりと字幕がつくことで文脈の深いところまで理解が及び、人間関係を描いた難しい作品も観られるようになったと。

この「字幕革命」によって日本の映画やアニメが今まで以上に浸透すれば、それをズラしてつくる「日本のお笑い」も伝わりやすくなってくるんじゃないか。裏切るためには**「あるある」の蓄積が大事で、それがようやくアメリカで始まろうとしてるんだ。**

先述した吉本の韓国公演も、舞台上でやってるコントを巨大なモニターで中継し、そこに韓国語の字幕を載せるというスタイルで上映したところ大爆笑だったらしい。

つまり字幕に抵抗がない＋意味が分かる、が組み合わされれば日本のお笑いも十分通用する可能性があるんだ。シンプルに流行ってる日本作品のモノマネができるわけだし。ドラマ「SHOGUN」の日本人キャストの真似を日本で練習して、向こうで披露できる芸人がいるかもしれない。

他のジャンルでもこれまでの前提を崩そうという動きがある。

BE:FIRSTのＬＥＯさんがロスに行って日本語で歌ったとき、現地の人から「ありがとう。**僕たちはＪ－ＰＯＰを待ってたんだけど、今までＪ－ＰＯＰが来てくれなかったんだよ**」と言われたそうで。彼らは合わせるんじゃなくて日本語の強さで勝負する、その上でＪ－ＰＯＰの素晴らしさを知ってもらおうとしている。

これはもちろん「音楽」という巨大な共通の前提があるからこそベットできるものだが、今「Ｊ－お笑い」の芽である「あるある」が渡米していってるということは、そのうち前提の土台がお笑いにもでき上がる可能性があるということ。

とはいえ漫才はコントより伝わりづらいから難しいんじゃないか、それも分かる。

よく比較されるのはスタンダップコメディーで、ブラックなジョークの世界観と漫才が噛み合わない、ような気がする。

でも調べたら戦後くらいまで2人でやる漫才形式のスタンダップコメディーもあったそうだ。Abbott and Costello（アボット・アンド・コステロ）というコンビでネタはダジャレ風の勘違い漫才、YouTubeにもネタ動画が上がってるからぜひ見てほしい。

こういう平和なネタもあったけど、多民族国家のアメリカにおいてマジョリティーがマイノリティーを笑いものにして発散するという形式がどんどん発達してしまったと。それが今また差別的なジョークを控えてクリーンなネタをやっていこうとなっている。

（参考：NHK・WEB特集「スタンダップコメディーって？　その変遷から見るアメリカ社会」https://www3.nhk.or.jp/news/html/20220517/k10013625701000.html）

ということはまさに**J-MANZAIの輸出時なんじゃないか。円安だし。**

とはいえいきなり日本語でボケてツッコんでも困惑されてしまうだろう。ある程度漫才とはこういうものですと説明しながらできるものがいい。

ジェラードンの西本さんは「ルールを設定して、そのルールのもとゲームをクリアするところが盛り上がった」とご自身の「ゴット・タレント」を振り返った。

角刈りの頭がギリギリ通り抜けられるサイズのダンボールを通過するという日本でもやってる芸を披露するときは、まずそういうゲームですと説明してるときは何の反応もないが、ダッシュでダンボールを通り抜けたときに「そういう意味ね！」という盛り上がりが起きるそう。そして一度盛り上がりが起きたら、アメリカのお客さんは同じところで何度も盛り上がりたいので、期待をスカさず裏切らず同じ展開に持っていくことが、現状のアメリカのお笑いと日本のお笑いの接点であると。

たしかに「TT」や「Pants」もそれに近いフォーマットだ。

だったら漫才もまず、**ルールを説明することが大事なんじゃないか？**

例えば最初にボケ役の人が出ていって、「今から漫才という日本の芸をお見せしよう」と説明する。「今から2人でスタンダップコメディをするよ。なぜかって？ それは日本人にとってこの国のハンバーガーは2人分の量だからさ」とかも言ってみる。

そしてツッコミ役の人が出てきたら、「僕が間違ったことを言ったら、彼が常識的な訂正をする。それが日本の漫才なんだ。それでは見てくれよ、クソ野郎ども」と続けるとツッコミ役が「クソ野郎どもはお前のルームメイトだろ!」とツッコむ。それに対して「これが漫才だと言いたいところだが、なんでお前はただ訂正するんじゃなくて俺を傷つけるんだ?」と怒る、といったようなセットはどうだろうか。

漫才を説明しつつも**その説明自体が漫才になっている、**という方がいいんじゃないか。

あれ、これ「ズレ漫才」じゃない?

オードリーさんのフォーマットってもしかしていちばんアメリカンジョークに近い形だったのか? やっぱりアメフト部だったこととか関係あるのかな? 無意識にアメリカ入っちゃってたのかな。これいつかやってくれないかなアメリカ単独。それこそスーパーボウルのハーフタイムショー。は、流石に厳しいか。でもショーが始まる前にちょっとやるぐらいならいけるんじゃないか。

ズレ漫才が浸透して、逆にそこから普通の漫才も「理解」してもらえるようになったら、もうこっちのもんじゃないか？　そこからは日本と同じ進化を辿ることになるはずだ。そしたら**日本が漫才の「本場」になるってことじゃん！**

芝居を志す者がブロードウェイを観に来るように、料理を極めたい者がパリで修行を積むように、漫才を知りたかったら大阪に、いや「OSAKA」に学びに来るようになる。熱狂的なファンのために日本の漫才師がアメリカに「**来米**」することだってあるかもしれない！

そして世界中でM－1が英語字幕で視聴され、教材として使われ、過去のM－1戦士たちが世界的なスターダムを駆け上がり、**M－1ワールドツアー開催⁉**

コーチェラに漫才ステージ爆誕⁉　ヘッドライナーは、あの有名デザイナーと同名の二人組「トム・ブラウン」！　全米でもすっかりお馴染み、日本の国民的アニメ「サザエさん」の超人気キャラクター・中島くんを5人集めて「ナカジMAX」をつくるネタを見て、全米が拍手笑いしてくれたら嬉しいなあ。

大丈夫、東も西も南も北も混ざったじゃないか。

ＡＩがあらゆる言語を繋いだ先には、「あらゆる会話をエンタメ化する」漫才が輝き出して走っていくんだよ。

途方もない挑戦かもしれないけれど、やったらいいじゃん。いいじゃんいいじゃん。

面白そうだし。面白かったら何でもいいじゃん。やったらいいじゃん。

「吉本には、こういう人がいますように」

対談

粗品×くるま

霜降り明星と令和ロマン。M−1グランプリにおいて、その年の決勝進出組の中で最短芸歴での優勝を果たしたという共通項を持ちながら、それぞれ異なる道を疾走する二人が、M−1、漫才、テレビ、YouTube、そしてお互いの今後について、今何を語り合うのか。

2018年M-1のあのネタはどうやって磨かれたのか

くるま　粗品さんが正面からお笑いの話をしてるイメージがあんまりないんですよ。そういう話って普段します？

粗品　あんまり話さんな。結構、普段は値打ちこいてるかも。

くるま　はっきり「値打ちこいてる」って思ってるんですか（笑）。

粗品　そうやなぁ。今回はくるまの本なんやろ？　それはもう絶好の機会よ。何でも聞いて。

くるま　ありがとうございます。最初はやっぱりM-1優勝したときのことを聞きたいですね。霜降りさんがどうやって臨んでいたのか、結構謎なんですよ。「毎月単独ライブを開いて、そこで毎回『豪華客船』をやってたらしい」ってうっすら聞いてはいるものの、よく考えると「どういう意味!?」ってなるんですよね。そういうやり方してる人って全然聞いたことないし、理屈が意外と分からなくて。

粗品　あ、そんな俺の体験談を喋ってええの？　いや、まずM-1は2017年にめちゃくちゃ負けたんよ。準々決勝で「遊園地」ってネタやって、死ぬほどウケてん。ほんまか分からんけど、その後飯行った作家とかから「大阪の準々1位でしたよ」「このままやったら決勝行きますよ」ってもてはやされててんな。でも準決勝で同じネタしたらスベって負けて、めっちゃ悔しくてせいやと泣いて。で、「来年はちょっと気合い入れなあかんな」ってことで、年明けて1月か2月の単独ライブで新ネタを6本か8本くらいしてん。「今年はこのうちのどれか1本にしよう」って決めてて、その中に「豪華客船」があってんな。

くるま　1月の時点で！

粗品　あのネタを最初にやったとき、「日付変更線で遊ぶな！」ってボケとツッコミで拍手笑いをもらったんよ。「これはもしかしたらM-1の決め手になるかもな」ってことで、じゃあ「豪華客船」を毎月やろう、と。でも入り口だけ「豪華客船っていいよな」って振って、中身のボケはほぼ全変えやねん。普段のライブで2～3回同じボケをやってみて「これはよかった」「これはあかんかった」ってまとめていったのをまた単独でやって。下半期になるともう8割ぐらいできてたから、あとは「ホテルのバイキング」とか「ダンスパーティー」とか、全部「豪華客船」に入れられる設定で新ネタをつくって「ダンスパーティーはよかったから入れよう」みたいなことを繰り返して、1本の勝負ネタをつくったっていう経緯やな。

くるま　はぁ～！　俺、全く同じことしたことあります。びっくりした。

粗品　あ、ほんま!?　このやり方、結構正解やんなぁ。ちなみに、何のネタでやったの？

くるま　M-1の2本目でやった「町工場」です。あれはもともとは僕らが2年目ぐらいのときのネタで、日曜劇場のドラマ「下町ロケット」が面白かったんでそこからつくって、それを育てようと思ってて。こんなこというと失礼ですけど、日曜劇場ってどれも展開がだいたい一緒なんですよね。だから「陸王」のネタをつくって「ルーズヴェルト・ゲーム」のネタつくって「半沢直樹」のネタもつくって、全部合わせて1本の「日曜劇場」みたいなネタにした感じです。僕らは単独をやらないんで、普段の寄席でちょっとずつ変えて試してました。

粗品 俺らは寄席ではしてなかってんな。大阪の寄席に合わせたらM－1の準決勝勝つための面白いボケがウケへん感じがあって、ちょっとブレそうになったから「寄席は信用せんとこ」みたいに言ってたと思う。そこでやってたんはすごいなぁ。

くるま いやいや、それは本当に時期の違いですよ。霜降りさんが優勝してからM－1含めてお笑いがめちゃくちゃ流行って、寄席にもお笑いファンが来るようになったんです。祇園（よしもと祇園花月）の寄席に最近出たときも、若者の生存反応がかすかにあったんで、今年のM－1でやろうか考えているネタをやりました。祇園はお年寄りが多くて笑ってる人が少ないから、若い人も笑いにくいんですよね。でも逆にいえば、そこでもウケるネタは笑っていい環境だったらめっちゃウケるってことなんで、その辺りを測りたくて。

霜降りさんが優勝してからM－1含めてお笑いがめちゃくちゃ流行って、寄席にもお客さんが来るようになったんです。

粗品 くるまはその勘がめっちゃ鋭そうやな。読者の方はあんまりピンとこんかもしれんけど、芸人でその感覚に長けてる人ってあんまりおらんくない？

くるま たしかに、そこは地味にいちばん得意といっていいかもしれないですね。自信もあります。

粗品 そうやんな。すごいことやと思う。M－1もそうやん。決勝に何本もネタ用意していったんやろ？　びっくりしたもん。俺は自分のネタを仕上げるだけの戦略というか、出順がどうでも「これをやる」って決めてたから。去年の決勝前にM－1の偉い人と喋ってて「令和ロマンだけネタを4～5本提出してきた」って聞いて「えぇ～？」ってなってん。「当日の空気見て変えるってことですか？」「そうなんじゃないですかね」とか話してて、「そんな奴おるか!?」って思ってて。で、実際にM-1の舞台でそれをやってんやろ？　しかも準決のネタはやってないんやろ？

くるま　やってないですね。ウケないと思って。

粗品　それは空気見てそう思ったん？

くるま　そうですね。準決のネタも準々のネタも「渾身の！」って感じじゃなかったんです。超面白いとは思ってたんですけど、冷静になりました。多分、お客さんよりもちょっと先のことをやりすぎちゃってるから時間を戻さないとウケないな、って。

粗品　それがもう……いや、俺が解説したるわ、くるまのすごいところ。

くるま　え、本当ですか。ありがたい時間すぎる。

粗品　トップバッターで、誰のネタも見てないのにそれができるって、えぐいから。1組目2組目を見て「準決でめっちゃウケてた人がスベってるやん、ネタ変えよう」が限界やねん。トップバッターってことは、前説とかオープニングの審査員のちょっとしたおちゃらけとかの会場の空気を見て、そのウケ具合で判断したんやろ。ちょっと信じられへん。このセンスはすごい。

くるま　嬉しいです。オープニングで、（ナイツの）塙（宣之）さんの炎上した件の自虐があんまりウケてなかったんですよね。あのときに「今年は若干ピリついてるな」って察しました。それであのネタにしよう、って。

粗品　それについてくるケムリも大したもんやなと思うよ。しかも1本目のあのネタ、実は相当変わってるよなぁ。あんまり見たことないようなネタやと思う。

くるま　変なネタですね。僕らは掛け合いが上手じゃないから、しゃべくりだと関西弁の人とかベテランに勝てないと思って避けてたんです。でもたまたま10月くらいにああいう持論を喋るネタができたんで、そこからウケるパーツを追加して、完全に僕一人でつくっていきました。漫才コントは霜降りさんと同じように、ケムリと一緒に大喜利的なパーツを入れ替えながらつくるんですけど。

粗品　たしかに、あれは「持論」やもんな。

くるま　学校がどこにあるのか仮説を思いついたら、ケムリに話してました。新幹線に乗ってるときも、ケムリの席まで行って寝てるのを起こして「ここにある説、どう思う？」って。それで「うん、うん。多分そこなんじゃない？」って言われて（笑）、その冷めてる感じがいいなと思ったんですよね。たしかに、別にどこでもいいから。それがあのスタンスに繋がったところはあります。

粗品　そういうスタイルの漫才ばっかりつくってたわけでもないんやろ？　そこがすごいよ。

くるま　違うんですって。「これが面白い」って自分が強烈に信じられるものを1個見つけられている方がやっぱりすごいし、憧れますよ。僕はそれがないからいくらでもネタを変えられたんです。

決勝初進出で大号泣した理由

くるま　俺、ずっと不思議だったことがあって。２０１８年の決勝進出者が発表されたとき、粗品さんもせいやさんもめっちゃ泣いてましたよね。僕もワイルドカードで準決勝に行ってたんで、たまたま隣でそれを見てて「この人たち、なんで泣いてんの？」って信じられなかったんです。もっと上の先輩が泣いてるのは分かりますよ。でもこんなに若くて何をそんなに泣く理由が⁉　って。

粗品　（笑）。

くるま　優勝した後も「やっと」って感じでめちゃくちゃ泣いてたし、今も「２０１７年に準決勝で落ちて悔しくて……」って振り返りますよね。でもそのとき、粗品さんが芸歴7年目くらいでコンビ歴もまだ5年目くらいですよね？　普通に考えたら、準決勝で負けるのもそりゃそうじゃないですか。なんでそんなに早く結果をまとめようとしたのか、分からなくて。自信から来るものだったんですか？

粗品　そうやなぁ、自信やな。俺、もっと若くして優勝するつもりやってん。２０１３年の1月に結成して、２０１４年のＴＨＥ ＭＡＮＺＡＩで優勝する予定やったから。

くるま　それは何か手応えがあって？

粗品　手応えというか、「やっぱり俺らおもろいな」って。

くるま　どこでそう思えたんですか？

粗品　劇場に入らしてもらって、いろんな先輩の漫才見たりお兄さんたちと共演したりして、一通り「こんな感じか」ってくらい触れ合えたんが２０１４年ぐらいやねんけど……おもんなかってんなぁ、みんな。

くるま　えぇ⁉　マジかよ。いや、俺はその頃の大阪のことはあんまり知らないんですよ。でもＴＨＥ ＭＡＮＺＡＩの決勝にも５ｕｐ（５ｕｐよしもと、現よしもと漫才劇場）の人たちがバンバン行ってたし、勢いありましたよね。それでも粗品さんからしたらあんまりだったんですか。

粗品　あんまりやったなぁ。ある程度はおもろいけど、自分が劇場入るまではもっとバケモンやと思ってたから。それで「いや、俺とせいやの方がおもろいな」ってなったのが半分。もう半分は、23歳になる、要は大学出た同級生が社会人1年目になる年やってんな。俺は中退して、同じ年齢でお笑いの給料が5万円とかありえへんやろ、って。だから優勝して売れようと思ってた。

くるま　新卒の同級生に給料で負けるのが悔しかったってことですか？

粗品　いや、神童じゃなくなるやろ。

くるま　え？　どういうことですか？

粗品　俺はな、19歳のときに「オールザッツ漫才」で優勝して「神童や」って言われててん。

くるま　あぁ、なるほど‼

粗品　「天才若手」ともてはやされて、じゃあもしかして、最近はおらんかった

〝若天下〟ありえるんちゃうかな？って思っててん。

くるま ダウンタウンさんやナイナイ（ナインティナイン）さんみたいになれるんじゃないか、と。

粗品 そうそう。それが汚れそうやったのが２０１４年やってん。23歳でこんな苦労してたら神童じゃない、ズルズルと普通のおもろいだけの芸人になってまう、って焦ってたよ。

くるま 変な言い方すると、２０１４年が神童としてのラストイヤーみたいに思ってたんですね。

粗品 そう。でも結局ＴＨＥ ＭＡＮＺＡＩの決勝には行けんくて、次の年にＭ－１が復活して「ほんまのラストイヤーにしよう」ってせいやと言ってた。でも3回戦で落ちて、一回「やめようか」ってなって。そういう流れで２０１８やねんな。だから決勝に行けたときに「まだギリ間に合うかな」って思って、あんなに泣いたんやろうな。

くるま うわー、そういうことか……。僕、当時は本当に何も知らなくて。あの年、（ヨシモト）∞ホールでＭ－１決勝を見るパブリックビューイングのライブに参加してたんですよ。9組目で霜降りさんが出てきて、次に和牛さんが出てきて、その時点でまず「和牛さんより点数が高い！」ってびっくりしたんです。Ｍ－１ってもっとややこしいものだと勝手に思ってたから、霜降りさんのネタがシンプルに感じちゃったんですよ。「いや、めっちゃ面白いけど……」って。自分と年齢が近かったのもあって、「若手っぽい」みたいに思っちゃったというか。

粗品 あるある。それはもちろんそうやと思うわ。

くるま その後、和牛さんの2本目のネタが終わってＣＭ入ってからは立ち上がって「すごい！！！」って大騒ぎしてました。周りに先輩がいっぱいいるのも忘れて。だから最終決戦の結果が出て霜降りさんが優勝したとき、またびっくりしたんです。

粗品 和牛さんのあのネタ、すごかったからな。

くるま 俺、最初、和牛さんが霜降り明星に負けたのが悔しくて。

粗品 （笑）。

くるま そこで「何なんだろう、この人たち」って思って、霜降りさんをめっちゃ観るようになってラジオも聴き出したんです。その結果、「こんなにいろいろやってて、いろいろできる人たちが、漫才を1本つくるときにはあんなにシンプルな形に仕上げたんだ……！」って変な感動があったんですよね。同時に「こういうのもあるんだ」って理解して。それまでは和牛さん然りスーマラ（スーパーマラドーナ）さん然り、ニンがゆっくり蓄積されていって台本が台本じゃなくなっていくようなお笑いばっかり見てたから。霜降りさんって逆じゃないですか。

粗品 大喜利の連発みたいなのがあって、そこにツッコミがバーンと入る形やからな。

くるま あの決勝にはそういう対比も全部詰まってて、それが面白すぎたから僕はこうやって考えすぎるようになっちゃったんですよ！

「ほんまに優勝したい気持ちはなかったん？」

粗品　あのとき俺らは「俺らが優勝したら、とんでもないことになるぞ」みたいに思いながらやってたんよ。くるまはそんなんなさそうじゃない？

くるま　全然なかったです。

粗品　なんでなん？

くるま　僕は神童の逆なんですよ。自分は落ちこぼれだっていう感覚で生きてきたんで。運動神経めっちゃ悪くて成績も中学高校とずっとビリで、肌もめっちゃ汚いし何も取り柄がなくてコンプレックスだらけで、でも変に勝負だけ強かったんです。絶対落ちちゃいけないテストだけ覚醒するとか、学年ビリなのに受験は受かるとか。だから、何か大いなるものに導かれてて、そいつが俺を動かしてるんだと思ってました。お笑いもそうだと思ってて。

粗品　そういうタイプの主人公ってことやな。

くるま　主人公と言っていただけるなら、そうかもしれません。要するに、2023年に決勝行って思ったのも「俺はM-1のために何ができるだろう」ってことだったんです。2018年のM-1を見てあの舞台を志した少年が本当にそこに入っちゃった。入ったからにはどうやって役に立てばいいんだろう、って。だからネタをいっぱい用意してたんですよ。他の組とタイプが被らないことをやった方が、場が盛り上がるから。

粗品　勝負に勝てるからじゃなくって？例えばダンビラムーチョが準決勝であのネタをやってて、令和ロマンの手札にもああいう歌ネタがあったとするやん。もし笑神籤で令和ロマンがダンビラより先に出たら、「歌ネタは被るからやめといてあげよう」って思うってこと？

くるま　思います。

粗品　意味分からん。歌ネタぶつけるやろ。「潰そう！」と思わんの？

くるま　思わないです。そんなことしたらM-1が盛り上がらないじゃないですか！

粗品　自分らが優勝するために「こいつら、スベれ！」って思わんのや。

くるま　そうですね。

粗品　えぇー……。

くるま　粗品さんからしたら「えぇー……」ですよね（笑）。いや、これはこれでよくはないんですよ。

粗品　ええ奴……ええ奴なんかなぁ。なんなんやろ。変態ってこと？　変態かいかれてんねや。

くるま　そんなざっくりまとめられると（笑）。でもそれは優しさとかじゃなくて僕のエゴなんです。エゴがめっちゃ大きいんです。

粗品　結構ほうぼうでそういう話をしてるやん。とにかくM-1が盛り上がればいい、って。「ほんまにそう思ってんのかな」って思ってたけど、本気なんやな。欲とかないん？

くるま　だからそれが欲ですよ。「M－1をよりよいものにしたい」っていう欲です。

粗品　そんな奴おらんねん。ほんまにちょっとも「優勝したい」はなかったん？

くるま　本当になかったです。だって優勝したら出られなくなりますから。結局、今年無理やり出ましたけど。あ、でもそれでいったら今年は盛り上げるために優勝したいってちょっと思ってます。2連覇した人はいないんで。

粗品　ほな、今年はよりえぐいんちゃう？「M－1を絶対盛り上げる」って命題のためには自分らが優勝せなあかんってことやろ。

くるま　はい。だから今、めっちゃ頑張ってます。

粗品　チャンピオンなんて優勝して当たり前やねんから損しかないのに、すごい挑戦してるなぁ。そうや、ABC（お笑いグランプリ）優勝してたやん。おめでとう。あれは準決勝どんな空気やったん？

お笑いの悪魔に魂売ったんやな。だってもう、お笑い好きすぎて言ってることがグロテスクやもん。

くるま　正直、半々でしたね。僕らのファンの方の分母が多いから抽選で当たって来てる割合も高くて、ウェルカム感もあるにはありました。でも半分ぐらいは別の人たちのファンなんで。

粗品　「なんやねん」って感じやろ。その中でようやったな！

くるま　ABCはABCでM－1とは別の物語があって、優勝はしたいものの、どのパターンでも面白いとは思ったんです。2023年がダブルヒガシさんと同点で準優勝で、その後M－1優勝してまたABCも出て、ここを盛り上げるためにはどうしたらいいんだろう、って。今までのABCでは1本目は結構ゆるいネタをやって勝ち上がってたんですよ。でも今年はM－1王者として出場していたので、1本目から仕上がったネタをやろうと思ってて。それで2023年のM－1準決でやったネタ「猫ノ島」を選びました。それがもっと仕上がっている人に負けるんだったらめっちゃいいな、って。最終決戦に関してはダウ90000が上がってきたから、負けるんだったらダウに負けたいと思いましたね。2本目も完璧なダウだったら、そっちが勝ったほうが盛り上がるんで、だからウケはするけど完成度は低いネタ、ウケ量で競ったときにダウに負けるやつにしたいと思ってて。

粗品 「負けるやつにしたい」？

くるま 物語的にいうとですよ。だからゆるめの長いネタをやって、完成度勝負に持っていかないようにしました。それをやっちゃうとチャンピオンの肩書きで押し切る形になりそうで。それだけは嫌だったんですよ。

粗品 えぇー……。M-1だけじゃないんや。なんやねん、こいつ。クレイジーやな。不健康やで。

くるま 誰が言ってんですか。いちばん不健康でしょ。マジで粗品さんにだけは言われたくないですよ。

粗品 お笑いの悪魔に魂売ったんやな。だってもう、お笑い好きすぎて言ってることがグロテスクやもん。××××やわ。(取材陣に) すみません、俺がこの先「×××」って言ってるところ、全部「お笑い悪魔」に変えといてください。

くるま いや、変えとくなら今××××って言わないでくださいよ(笑)。

師匠の教えと理想の漫才

くるま M-1のときのようにボケを連発する形からいろいろ変化していって、最近の霜降りさんでいえば(2023年の)THE MANZAIでやっていたお互いのプライベートの話をする漫才がやっぱり印象的なんですよね。あれを見たとき、「こういう漫才が本当は理想だと思っていて、そっちにシフトしていってるところなのかな」と思って。そういう考えはあるんですか？

粗品 俺らもM-1のためにしかやってなかってん。例えば劇場でネタやるとき、相方が面白い言い間違いをして噛んだら、ほんまはそれをしがんでイジったらめちゃくちゃウケるしアドリブで楽しいやん。でもM-1優勝まではそれは一切せえへん約束をせいやとしてたんよ。少なくとも準決までは、噛んだことをイジった笑いは加点されへんから。

くるま 降りるのは絶対マイナスですね。

粗品 それぐらい競技に振ってた。そこから解放されて、じゃあアドリブ入れたりヘラヘラやってみたり、お互いのプライベートなことを言うとか、いろんな霜降り明星を見せたってもいいか、みたいな感じで今はやってるかな。それと、俺らが競技でやってた漫才が、テンポ速くてウエー！　とか言ってせいやが動いてるだけでけしからん、みたいな意見もあったんよ。「しゃべくり漫才しなさい」って。それを見返したいから、「こういうしゃべくりはどうですか？」「ニンを使った上方漫才ってこんなんですか？」みたいなんでやってるところもあるなぁ。

くるま じゃあやっぱり漫才はずっと続けていくつもりですか？

粗品 続けたいねぇ！　せいやがよければ、やけど。せいやもそう思ってると思う。くるまは？　漫才続けるつもり？

くるま　そうですね。それしかないっちゃないんで。

粗品　いいね。それこそニンを出した漫才に憧れたりする？

くるま　一応、そっちに向かっていこうとしてます。でもそこはすごくコンプレックスなんですよ。子どもの頃すごい貧乏だったとかそういう特殊な経験がないし、大学でお笑いを始めて芸人になってからもすぐ準決行けちゃったりバイトも早めに辞められちゃったりして、人間としての味が出る苦労をしてきてないんです。僕だけじゃなくてコンビ揃ってそういう派手な話がない。それが嫌で、でも優勝しちゃった後にどんなニンをつけられるのか、悩んでる最中ではあります。だから粗品さんはその辺りをどう思ってるのか気になってたんです。

粗品　なるほどな。これ言うと結構イジられんねんけど、俺、ボケ0でカウス師匠大好きやねん。めっちゃ尊敬してて。

くるま　僕も好きですよ！

粗品　あかん、お前にカウス師匠は譲らん。可愛がられるのは俺だけでいい。

くるま　いや、もうダメです。その位置はいただきます。師匠が「粗品はすぐ俺の名前出すけど、俺と1回もご飯行ったことがない」って言ってましたよ！

粗品　おい！　やめろ！　1回行った!!（笑）。いや、カウス師匠がさ、「劇場を大事にしなさい」って口酸っぱく言うやんか。それはその通りやと思うねんな。俺もM-1優勝した後、やっぱ劇場でお客さんを笑かすんが好きやなってあらためて思って。だから何をやったら劇場のお客さんは笑うかなと思ってたんよ。そこで昨今ほうぼうで毒づいて話題になってる俺が旬の芸能人の悪口を生で言ったら、お客さんがギャー！　って笑うねん。これええなぁ、気持ちええなぁ、これはこれで俺らにしかできない漫才なんかな、みたいには思ってるな。最近はうまいこと自分にキャラがついてきてるから、そういうニンを出していって劇場に還元できたらいいな、とは思ってる。

くるま　いや、キャラがついてきてるとかいうレベルじゃないですよ。

霜降り明星と令和ロマンの漫才
何が似ていて何が違うか

粗品　ずっと気になってたんけど、「頭いいなぁ。こじるり？」ってくだり、昔からやってるやん。あれってどういう意味で思いついたん？

くるま　えっ、あれはそんな、サラッとですよ。大学ではずっとコントしてて漫才やってなかったんで、NSC入ってから漫才をちゃんとつくるためにM-1を見返してて、流れの中に挟まる小ボケ用のパーツが必要だと思ったんです。それでiPhoneのメモに「例え」ってフォルダをつくって「暑い」「寒い」「賢い」「狭い」ってバーッと書いて、思いついたらメモしてました。「狭い：タピオカ屋のキッチン」とか。1年目にM-1の3回戦用のネタをつくってるときに「ここに『賢い』の表現があった方がいいな」ってメモを見返したら「こじるり」

って自分で書いてて。

粗品 「こじるりのバラエティでの立ち回りが賢い」っていうあるある、ってことやんな？

くるま そうですね。ちょうど女性タレントのワイプ芸とかに関して「実は上手い」みたいなことが言われてたときだったんで。

粗品 いいラインやな～。俺、あれが好きでさ。くるまはそんな大したことないって思ってるかもしれんけど、初めて聞いたとき結構衝撃やって、「いいボケ方やな」と思ってん。斬られたん気づかんかった、みたいな感じがする。全然おもんないけど、例えば「賢いね、茂木健一郎？」「いや賢いけど、ちげぇよ」とか、逆に「賢いね、スザンヌ？」「いや賢くねぇだろ」とかかなって思ったところに、こじるりか～！　って。多分バラエティでの立ち回りのあるあるで言ってるんやろうな、そうやったらおもろいなと思ってててん。今聞くまで半信半疑やった自分が悔しいわ。

くるま それでいうと、最近になってあらためて分かったのが、僕はずっとコントしかやってなかったしツッコミだったから、やっぱりボケじゃないんですよね。漫才もずっとボケてないんですよ。こじるりさんが賢いのは事実だし、既にテレビでも散々言われてて別に僕が見出したわけでもないから。ただそれを変なシチュエーションで人に向かって急に言うから変ってだけで。僕らの漫才って、事実を言って説明してるだけなんですよ。

粗品 言われてみたらそういうタイプなんかもな。

くるま 「27時間テレビ」でもちょっとイジっていただいたみたいに、霜降りさんとちょっと似てるって言われることがたまにあって、それはそういうところなんだと思います。ただ、霜降りさんはボケていってその答え合わせ的に「これの変なところはこうでしたよ」ってツッコむ感じですよね。僕らは普通のことを変なタイミングで言って「なんで今言ったんだよ」って言ってるだけでしかない。芸人が面白いと思ってくれるのはそこなのかなと思います。「ケムリのツッコミが面白い」って言ってくれる先輩がいっぱいいるのも、ツッコんでないからなんですよね。

粗品 たしかに、ケムリが「いや、たしかにバラエティでのこじるりの立ち回り、賢いけど！」って言わんもんな。

くるま そうなんです。それがツッコミじゃないですか。そしたら俺がボケになるんですけど。

粗品 なるほどな。そこが令和ロマンの違和感や。

くるま 最初はケムリに大ツッコミをさせようとしてたんです。漫才ってそういうものだと思ってたんで。1年目のときは結構ビシバシ言ってて、ケムリをもっと振り回すようなネタもつくりました。考えてきたツッコミをちっちゃい声でボソッと言ってたから、そんなんじゃ漫才師になれないと思って「心からの大ツッコミを出せ」って。そのために2年目はほぼ全ステージをアドリブでやってましたからね。
粗品　えー！　おもろ！　そんな時代があったんや。
くるま　例えば「今日○月○日は梨の日だから、梨農家のネタをやる」ってだけ伝えて、僕も何も用意せずに舞台上がってました。僕自身も大ボケになるためには、スベったり焦ったり大きい声出したりしないと成長しないと思ってたんで。僕はその1年間で自分のパフォーマンスがよくなったと思ってるんです。言葉でボケてスベるから、焦って踊ったり顔でボケたり引き出しが増えて成長した。でも彼は一切動じなかったんですよね（笑）。
粗品　そうなん？（笑）
くるま　はい。俺が焦ってるときに助けようとして「いや、なんとかかんとかだけど!!」って言うことで感情が解放されて、でっかい漫才師になると思ったんですけど、そうはならなかった。助けようとしないで、スベってるのを見守ってたんですよね。自分がスベりたくないから引いて、その後に「時間返せよ」みたいなことを言ったんですよ。「あ、そっちになっちゃうんだ」と思って。
粗品　（笑）。
くるま　たしかにその道もあるんですよね。悲しかったですけど、じゃあ感情がそこで動かされない人間のためにこっちで振ってこっちでボケよう、ってなりました。俺らって1回もネタ振りしてないですからね。ずっと僕が振って僕がボケてるんですよ。だから漫才じゃないって言われたら漫才じゃないと思う。粗品さんはM-1のときみたいなツッコミの形になった経緯ってあるんですか？
粗品　俺らはパッケージにしようと思ってたな。同じぐらいの時期に東京ホテイソンがワーッと来てて、単語でツッコむ感じが「似てる」って言われててん。だから彼らんようにせなあかんな、ってマイナスな方向の努力もあったな。その中で自分なりに「手はつけた方がええか」みたいなことを考えてたよ。
くるま　すごいな。やっぱりツッコミが考えないとフォーマットって生まれないですよね。
粗品　そこはツッコミが引っ張ることが多いかもな。
くるま　結局、ボケってどれだけ練っても形にはならない感じがするんですよ。僕らがずっと型という型が形成できなかった理由はそこにあるのかなと思ってます。
粗品　でもめっちゃ王道やで。
くるま　僕の中では全然王道じゃないです。漫才が得意だから漫才っぽく見えてるだけだと思いますね。
粗品　漫才上手いよ。器用やわ。10年に1人ぐらい、天性の「漫才師」がおるねんな。とにかく漫才が向いてる人。令和喜多みな実の野村（尚平）さんとか、いうたら漫才の天才やん。所作とかキレイで、ボケ方うまくて。それでいったら、くるまはここ10年でいちばんの天才ちゃう？
くるま　本当ですか。いや、僕は自分のことを吉本興業の結晶だと思ってるんですよ。吉本興業の112年の歴史の中で、NSCがあって劇場のシステムがあって、いろんな先輩がいてチャンピオンもいて。所作が下手だったのをNONSTYLEの石田（明）さんに「こうしたらいいよ」って教えてもらったり、パンクブーブーの（佐藤）哲夫さんに台本の不備を指摘してもらったり、作家さんとか同期や先輩にネタ見せしたり、全部の教科書を全力で解いたらこうなりました。だから自分で何かした感覚がないんです。

粗品　いやいや、逸材ですよ。

テレビと天下と裏方付き合い

くるま　漫才の話からちょっと脱線しますけど、粗品さんの仕事量、とんでもないですよね。今、吉本で1位なんじゃないですか？　毎日YouTube上げてて「粗品のロケ」も更新してテレビにも出て音楽もやって。なんでそんなに頑張れるんですか？

粗品　いや、頑張ってないよ（笑）。せいやの方が働いてるもん。俺、結構休みあるで。

僕は自分のことを吉本興業112年の結晶だと思ってるんですよ。

くるま　頑張ってないわけない。今週休みました？　今月は？

粗品　休んでる、休んでる。

くるま　丸1日？

粗品　うん。まぁまぁ、YouTube撮ったりとかはあるけど。

くるま　撮ってるじゃないですか！

粗品　それは趣味やから。

くるま　あれを趣味だと思えてるのが異常なんですよ。

粗品　あんなん撮るの一瞬やって。くるまの考える量とか頭動かしてる量の方が絶対えぐいよ。俺は悪口言ってるだけやもん。ずるいねん、俺。「オリンピック観てなーい！」って逆言ってるだけやから。誰でも言える。

くるま　言えないですって。それをやれる度胸の部分がまずそもそもすごいですし。「27時間テレビ」の「粗品ゲーム」に出させてもらって、あれは完全に粗品さんのYouTubeありきだと思ったんですよ。粗品さんがYouTubeでやってるキャラとフォーマットをテレビの枠に落とし込んで、しかも言葉をサンプリングまでしてて。音まで全部って、そんなことありえないんだから！　「今のテレビはYouTubeでやってることを持ってきてる」ってたまに言われますけど、「粗品ゲーム」はYouTubeをテレビナイズドすらしてなくて、全部のパーツを切り出してそのまま持ってきてるんですよね。あれはすごいことですよ。そこまで来てる状況で、粗品さん個人としては今テレビのことはどう捉えてるんですか？

粗品 いやいや、まずは君や（笑）。君の考えを聞かせてくれ。テレビに対する考え方、俺より面白いでしょう。どうなん？

くるま 俺はそこもM－1に近くて、役に立つ・役に立たない理論でやってますね。デビューして1年目くらいのときにそれこそ第7世代ブームがあって、僕らもそこに入れられかけた時期があったんですよ。「ネタパレ」とか「ウチガヤ」とかのオーディションに一応行って、最初は特技とか1分ネタも頑張りました。でも本当に向いてなくて諦めたんです。「俺はM－1ぐらいしかできないな」って。それでオーディションも行かなくなりました。俺が行っても役に立てないからスタッフさんの時間を奪うだけで、意味が分かんなくて腹が立っちゃうんですよ。「ザ・ベストワン」で1分ネタのオファーが来たときも、断って代わりに「放送しなくていいんで、前説やらせてください」って言って前説で10分ネタやりました。

粗品 すみません、なんでですか？

くるま その方が役に立つからです。

粗品 テレビの？　お笑い悪魔やん！

くるま （笑）。だからM－1優勝して変わったわけじゃなくて、ずっと一貫してそうなんです。

粗品 じゃあ「もしかしたら俺のこういう一面はテレビの役に立つかもな」って考え方が変わるきっかけがあったら、めっちゃテレビに出始める可能性もあるってこと？

くるま それは全然あります。実際、そういうことを言っていたおかげで思った以上にテレビの人が動いてくれて、「じゃあこういうのはどうですか」って特番とかがポツポツ入ってきて。それは考えてくれた人の思いに応えたいからやってます。でもやっぱり「地上波の枠を使ってまでやることか？」って思いが今はありますね。例えば30分の枠があったとき、テレビに出たいのにチャンスがなかった誰かが出れたら、そこでハネて人生が変わる可能性がありますよね。どっちでもいいと思ってる人が出るより、テレビに対して熱意がある人が出た方が盛り上がるし、新しいことも起きるじゃないですか。

粗品 それは人に対しても思う？　「お前、その番組に見合ってないし無理して出てんねやったら断って、若手にチャンスあげろよ。その方がテレビ盛り上がるやんけ」って。

くるま それはでも、その人より別の人の方が面白かったら上がってくるでしょう。

そこは実力の世界だと思ってます。やりたくない人がやりたい人を押しのけていくのは違うよね、ってことです。はい、僕は言いました。僕の考えはこうです。粗品さんはどうなんですか。M-1優勝して、「よっしゃ、ここからばんばんテレビ出ていくぞ」って最初は思ったわけですよね。

粗品 思ったなぁ。

くるま で、実際バーッと出て第7ブームもあって、その間ずっと楽しかったですか？「やったろう」って感じですか？

粗品 「やったろう」やなぁ。燃えまくってたね。

くるま そこからどんどん盤面が変わってくるわけですよね。ブームが落ち着いて第7系の番組がいったん終わって、YouTubeとかいろんな活動があって。そういう中で何を考えてたんですか？

粗品 やっぱり最初はテレビ諦めてなかったんよ。M-1の後にテレビ1周するやん。それは普通にがむしゃらにやって、その後、冠番組とかレギュラーが始まって。第7世代のレギュラーが2～3個始まったんかな。全部MCや。そこでだんだんと「天下獲るぞ」って意気込むわけ。そこからしばらくは「バチバチいかなあかんな」って時期やって、おもんないと思ったら「おもんない」って言いまくってた。「こういう企画やろうと思ってるんです」って持ってこられるものに対して「なんやねん、これ」「キモいねん」って。日テレの番組で錦鯉さんが老人ホームに行ってネタするVTRがあって、でも老人たちがウケてないねん。そのウケてない様子をバーンとカット割ってテロップで「・・・」チーン、みたいなVで。

くるま 日テレだなぁ（笑）。

粗品 後でスタッフ呼び出して「なんやねん、これ。なめんなよ芸人を。クソおもんないのう」って、ほんまにこういう口調で言ってた。1～2年はケンカしまくっててん。

くるま それはもう「言ったろ」って思って言ってるってことですよね？ 実際に思ってるし、言い方としてもわざとそうしていたというか。

粗品 世直しというか、「俺はテレビで天下を獲るから、裏方にも俺ぐらいおもろいことしてもらわなあかん」って思ってた。「俺が出てる番組がおもんなかったら意味分からんから、そら言わせてもらうで」ってスタンスやな。もちろん言い方キツいから人もだんだん離れていくし、「粗品は性格悪い」って噂も回るよ。それでも「粗品さんと仕事がしたいです」って言ってくれる同世代を仲間にしようと思っててん。それぐらい俺に対して愛ある人と一緒にやっていこうという仲間探しの期間があって。

くるま はぁ～、そういう期間だったんですね。

粗品 そう。で、バチバチにやった結果、1人もおらんかった。

くるま 悲し……。

粗品 千鳥のノブさんが「テレビはテレビマンの単独ライブにゲストで出てる感覚でおれよ」って言ってて、それはその通りやと思った。自分のエゴじゃなくて盛り上げに行くんが大事なんやな、って。ただ、正直、裏方におもろい人が1人もおらんかったんよ。芸人ってめっちゃおもろいやん。先輩も後輩も同期もおもろい奴山ほどおるのに、なんでスタッフってこんなおもんないんやろ？ と思ってたな。放送作家も大嫌いやし。

くるま 粗品さん、作家がずっと嫌いですよね（笑）。

粗品 そやねん。それともう一個、テレビにウワーッと出てた頃に思ってたのは、天下は獲るとしてどういうスピードで獲ろうかなってことやったな。「まだ神童コース残ってんなぁ」って思って。だから20代のうちにダウンタウン超え、ビートたけし、明石家さんま超えせなあかんと思っててん。

くるま でもそれだったら、スタッフにもバチバチ言わずに出ておいた方がよかったんじゃないんですか？

粗品 いや、俺はなぁ、もっとえぐい天下が見たかったんよ。

テレビは、スタッフさんたちが出世するために俺を使ってもらえたら嬉しい、って感覚やね。

くるま あぁ。迎合した上で今あるテレビの枠を全部獲るタイプの天下じゃなくて、「ごっつ」とか「めちゃイケ」みたいな超絶番組を20代で構えるタイプの天下ですか。

粗品 そうそう。順番待ってたら天下は獲れんねやろな、と思ってた。それは今も思ってるよ。テレビに定期的に出続けてたら40～50代になる頃には上の人たちがどっかいって、そこでMC担当して「売れてんなぁ」って言われるようになるやろ。でもそうじゃなくて、トップスピードで見たことない面白いテレビをやっていきたいと思ってた。でもこれは物理的にも感覚的にもいろいろ無理やったな。現にもう30歳になってもうたし。今はテレビは意地だけでやってるかな。

くるま へー！ 何の意地ですか？

粗品 相方はテレビ好きやし、コンビのレギュラーがあって俺だけ降りるのは相方にも迷惑かかるから。あとはなぁ、俺、「キングコング西野みたい」とか「オリエンタルラジオ中田みたい」って言われるときが結構あんねん。それがめっっっちゃ嫌やねん。

くるま　（笑）。ちゃんと嫌なんですね。

粗品　そいつらはテレビを降りた人間やん。もちろん自分のマインドがあって素晴らしい筋があってのことやし、俺も考え方としてはたしかにそうやねん。でもそうは言われたくない。

くるま　そうなのか。結果やってることは違うからな、って思っちゃいますけどね。でもそういうところもあっていろいろバランス考えて、最低限の筋を通す部分は続けて、って感じですか。

粗品　あとは、こんな俺でも「粗品さんと仕事したい」って言ってくれる人が今ちょっとだけおんねん。「新しいカギ」とかテレ東のレギュラーとか、レギュラー以外でもそういうスタッフさんがおるから、その人たちが出世するために俺を使ってもらうのは嬉しい、って感覚やね。「いいバイト」って感覚や。だからくるまの「盛り上がればいい」に近いかもしれん。

くるま　たしかに、そこは意外と変わらないと思います。仲間探しみたいな苦労をしていた期間がないんで、僕のほうが味は薄いですけど。

粗品　くるまは「自分が面白いと思ってることをテレビでやりたい！」みたいな気持ちはないん？

くるま　それでいうと、僕、フジテレビで6年バイトしてて、粗品さんがテレビに出始めて感じた面白くなさにそこで気づいちゃったんだと思います。その時期にテレビの仕組み的なものを学んで「これは出てる人だけが面白いんだ」って理解しました。だからはっきり言って、つくってる人が面白くないというのは僕も思ってますよ。

粗品　（笑）。

くるま　台本ってめっちゃつまんないじゃないですか。「例えば」ってボケが書いてあっても誰も読まない。昔はそれを知らなくて、演者は書いてあることを読んでるんだと思ってたんですよ。でもバイトしてて近くで見てると「急に台本にない面白いことやった」「台本と違う流れにして笑いをつくって終わった！」って分かってくるわけですよね。そこであらためて「芸人さんってすごいな」って思ったし、音声さんやカメラマンさんのすごさも知りました。同時に、作家さんとかディレクターさんはクリエイターじゃなくてバランスを取る仕事なんだな、ってことも分かった。だから期待を全くしてなくて、粗品さんみたいに「誰か来てくれ！」とは思わなかったです。

粗品　最初からこういう世界って分かってたんや。

くるま　決めつけちゃってた部分がありますね。今は特に、粗品さんがいろんなことをできているように、ＹｏｕＴｕｂｅなりなんなりでクリエイティブなことは発信できるから、本当に優秀だったらそっちに行くと思うんですよ。だからテレビのつくり手をあんまり信頼してないし、その分怒りもしないです。フジテレビで30分の冠特番をやったとき、新人のディレクターの子が頑張って書いてきた台本の流れがよくなかったから、怒るとかじゃなくてその場で書き直したのをコピーして配りました。怒ってもしょうがないと思ってるんですよね。

粗品 全部投げっぱなしで言われたことをやるような諦め方はしてなくて、思うところを伝えてはあげんねや。

くるま でも交渉しようとはしてないです。「〝これ〟が正しいんでぇ」って持っていくんで。

粗品 あかんやん、交渉しなさいよ（笑）。

くるま それは俺、粗品さんの本当に尊敬してるところです。「偉いな」って思ってます。

粗品 せやろ!?

くるま 本当に偉い。粗品さんは愛があって、愛で人をちゃんと見てるからそういうことができるんですよ。僕は一切それがなくて全体感で見てるから「この人、ダメだ」と感じたら自分でやるしかないと思っちゃうんですよね。神保町（神保町よしもと漫才劇場）所属だったとき、作家さんが決めたコーナーが変だったら何も言わずに受け取って、音声さんとかにだけ「ごめんなさい、このコーナーやらないです」って事前に伝えて舞台出て「フリートーク！」とかやってました。

粗品 へー！ どうなんの、それ。

くるま 終わった後も「すみませぇ～ん」とか変な奴のふりしてそのまま帰ってました。それで僕が嫌われても、その方がお笑いは正しく回ってるからいいんですよ。

粗品 お笑い悪魔！ いいねぇ。くるまなりに戦ってるんやな。

くるまが粗品に感じる恐怖の正体

くるま テレビやメディア全体に関して先のことは考えたりします？「テレビは今後どうなっていくんだろう」とか。

粗品 どうなんやろうな。あんまり分からんねん。ＹｏｕＴｕｂｅがどうとか、テレビがどうとか。

くるま 先を見据えてＹｏｕＴｕｂｅを今こういう風にやってるとか、そういう戦略的なものは全然ないんですか。

粗品 あんまないかも。ＹｏｕＴｕｂｅはたまたま自分の密度１００％で出せて、それが反響あるからやってるだけやな。

くるま 「数字増やそう」もそんなにない感じですか？

粗品 そうやな。一応「どうせやるなら２００万人目指そう」みたいな細かい戦略はあるよ。でも「テレビは衰退すると思うから、今ＹｏｕＴｕｂｅ頑張ってます」とかはないな。

くるま 今や芸人のＹｏｕＴｕｂｅの中でぶっちぎり1位じゃないですか。数字も、起こしてる現象も大きいですよね。チャンネル全部合わせたら何百万人って登録者がいて、そのイベントが武道館でできて、でもそこが自分のメインフィールドって思ってはないんですか？

粗品 あんまないな。

くるま あんまないんすね！

粗品 正直、そう思われるのはあんまり、嫌やな。

くるま あんなにやってて!?

粗品　だから〝趣味程度〟やねん。

くるま　意外です。自分の１００％を出してるれっきとした作品だから、胸張ってて「ここがメイン」と捉えてるのかと思ってました。

粗品　「もっとえぐいメインできるけどなぁ?」って感じやな。自分の密度１００％ではあるけど片手間にやってるから、作品だなんて、そんなそんな。「適当に見てよ」レベルよ。もっと気合い入れたことを俺はやれるから、ここをメインとは言いたくないな。あ、こないだ上げた2時間くらいあるカジノの動画は、メインと言ってもいいぐらい自分でも自信あるよ。でも基本的には毎日適当に更新してる分、「俺、今ＹｏｕＴｕｂｅにめっちゃ力入れてんねん」とは言いづらい。

くるま　音楽もすごい本気でやってるじゃないすか。でもそれがメインってわけでもないですよね。

粗品　本気でやってるなぁ。でも、そこもメインとは違うかも。

くるま　毎月やってる単独ライブも、漫才もメインではない?

粗品　あんまりないなぁ、「粗品のこれ」みたいなのは。

くるま　あー、俺が感じてた恐怖の正体がちょっと分かってきた。

粗品　何が「恐怖の正体」やねん（笑）。

くるま　全部メインじゃないのにこんなに努力できる人っていないんですよ。あーー、怖いなーーー!!　普通は何か軸があるから安心して他のことも頑張れるんです。そもそも1個しか頑張れない人がほとんどだし、1個も頑張れない人もいる。でも粗品さんはまずＭ-１に特化して競技漫才をやり切って優勝して、そこからテレビの世界で天下獲りと仲間探しの方に進んで、それは上手くいかなかったけどもバイト感覚で続けながら、ＹｏｕＴｕｂｅやって音楽やって漫才やってラジオもやって、どれも本気でちゃんと魂を込められるもので、だから本当に〝全部〟なんですよね。いや、怖いな……もともと大きいと思っていたものが、たかだか一部に過ぎなかったみたいな感覚です、今。この怖さ、読んでる人に伝わるのかな。

粗品　全然恐怖じゃないよ。

くるま　自分に自信があるからできることですよ。「テレビあっての自分」が「音楽でも伝えている」じゃなくて、どこにも依らない「自分」がいてそこからいろんな枝葉が伸びていってるんだ。どれだけ自分を広げていっても薄くならなくて１００％であり続けると同時に、どれか一つに自分を帰着させてない。だから何かコンテンツや特定のジャンルがメインなんじゃなくて、あくまで「粗品」がメインってことなんですね。

粗品　感覚的にはそうかもな。

くるま　はえ～～～～～。

粗品　何が「はえ～～～～～～」やねん。

くるま　はえ～～～～～～でしょ。僕は完全に逆なんで。

粗品　くるまはどれがメインっていうのはあるの?

くるま　僕は今は漫才ですね。多分ずっとそうだと思います。どうしても自分の才能のパラメーターがそっちに振られてるので、そこはちゃんとやらないと。もしかしたら今後、他にも自信を持てるものが現れるかもしれないですけど。

粗品 そりゃあるやろ、めちゃくちゃ器用やもん。それこそ役者とかもやるやろ？ 絶対めっちゃ向いてるよ。

くるま それはやりますね。自分の可能性を広げなきゃいけないと思ってるんで。ケムリ先生がいつご隠居されてもおかしくないっていう恐怖があるんですよ。あれだけ太ってますし。

粗品 「あれだけ太ってますし」？ 関係ある？

くるま お酒もとんでもなく飲みますし、タバコもバカバカ吸うのに健康診断とか一切行かないんで。

粗品 それは怖いなぁ。

くるま 言ってもやめないし、本当に心配になるくらいのイビキかいてるのにCPAPもつけないし。もし万が一何かあったら僕は職を失ってしまうから、一応暮らしていけるように守備範囲を広げておこうかなっていう考えはありますね。

粗品 くるまやったら何でもやれるよ。

漫才師として理想的な年の取り方

くるま 「お笑い界全体がこの先どうなるのか」みたいなことは、そんなに考えてないですか？

粗品 「誰が次にお笑い界牛耳るやろ」とか、そんなんはあんまり考えてないかもな。自分やと思ってるからっていうのもあんねんけど、もっと細かい、「このボケってどうなんねやろ」とかそっちの方が考えるかもしれん。「逆にもう1回、進研ゼミのあるある来んのかな？」とか、「映画泥棒はどうやったらウケんのかな」とか。シンプルに、10年前に自分がやってたネタで「ほんまにおもんないな」っていうのもあるんよ。この価値観の変わり方にはめっちゃ興味ある。やっぱ10年経ったらおもんななんねや、って。今自分がハネてるやつは10年後も笑ってもらえんのかな？ とか思うなぁ。

くるま そんなこと思うんですね。

粗品 昔のボケで「こんなおもんないこと、よう平気で言ってたなぁ」みたいなん、全然あるよ。フリップネタで、企業ロゴいじりとかしててん。完全にバカリズムさんがやってたようなことを真似してやってる感じで、そんなんめっちゃ恥ずいわ。「オペ」の両手を上に上げるポーズとスターバックスのロゴのポーズが似てるからって「いや主治医スターバックスの人！」って言うてんねん……。

くるま 「そのときウケてたからいいか」とはならない？

粗品 「しゃばいな、俺」って思ってまうな。「あのときからずっと面白いことやっててんな」っていうのが美学としてええな、と最近思っててん。

くるま すごい。本当に自分が全部繋がってるんですね。過去も未来も。じゃあそれでいうと、年齢によってできる漫才の違いは考えます？ 何か思いついても「今の年齢でやってもウケないだろうな」とか。

粗品 あるある。

くるま 僕、それこそしゃべくりは結局年齢が大事なのかなって思っちゃってました。何を喋るにしてもおじさんが喋ってる方が面白いな、って。

粗品 めっちゃ分かるわ。しゃべくり漫才は特にそうよな。若いと声も高いし風格も出えへんから。「はよ年取りたいな」ってせいやと言うてたわ。説得力もないし、「どっかで覚えてきたツッコミなんやろ」みたいに思われるのも嫌やん。自分の言葉でツッコんでるってちゃんと思われたかった。それと、やっぱ若いと人生が薄っぺらいからなぁ。Ｍ－１も審査員は年上やし、「子どもに見られるな」って結構しんどかったな。

くるま 特にせいやさんは半ズボンでしたしね。昔の映像見るとマジで子どもですよね。なんでああいう衣装にしたんですか？

粗品 せいやには申し訳ないけど、あのときは俺が結構率先してそうさせててん。最初に「短パンをはいたらどう？」って言ったのも俺やし。アラレちゃんの腕の広げ方で「わーい」って言いながら舞台を1周してるところに俺がゆっくり出てくる、オードリーさんの元気版みたいな出方してた。それでめっちゃ動く漫才して、「アホ元気」みたいなキャラでやってたな。

くるま そのキャラをつけようとしてたんだ。逆に俺らは、大人に見せようと必死でした。ＮＳＣのとき、周りはセットアップが多かったんで逆にガチのスーツを着た方がいいんじゃないかって、ケムリに茶色いスーツ着せて。

粗品 渋いね、いいねぇ。

くるま ずっと口角下げてベテランぶって喋ってました。「1年目らしからぬ」って言われよう言われようとしてましたね。

粗品 分かるわ。そんなん、したなるよな。漫才なんか大人に見られた方がええもんな。

くるま かといって難しいのが、今中堅の方の漫才を見てるとはっきり言っておじさんすぎるときがあるじゃないですか。粗品さんもよく言ってますよね。ショックやなって。

粗品 思う思う。

くるま これから大人の定義も変わってくると思うんですよ。いくつになっても若い人は若いから。でも芸人は今のところ見た目も含めて若くなさすぎてる気がするんですよね。だから今後は逆に、ビジュアル含めて若いままでいた方がいいフェーズが来るのかな、とか思いません？

粗品 ビジュアルのことは考えたことなかったなぁ。おじさんには憧れてたけど、自分がなるって考えたら漫才的には見た目若い方がいいんかなぁ。

くるま 霜降り明星はあんまり年取らないほうがいいと思いますね。粗品さんは時間が経てば経つほど……あー、分かった、分かりました。

粗品 何何、どうした？

くるま 思っていた以上に粗品さんは自己というものが本当に強固なんだなって、あらためて分かりました。ＹｏｕＴｕｂｅとか音楽とか「どこ」っていうのが横軸だとしたら、時間軸という縦軸で見てもずっと「自分」なんですね。そういう人だからこそ、全部がお笑いになるように蓄積ができて、何でも言えてしまう。人のことイジったり悪口を言ったりもできるし、それを「悪口言ってたけどお前こうやな」って（２０２３年の）ＴＨＥ ＭＡＮＺＡＩで披露されたように一個の漫才という形に集約しても無理がないし無駄がない。あれをＴＨＥ ＭＡＮＺＡＩのためにわざわざやってたらちょっと無理してる感じが出るけど、そうじゃないんですよね。なぜなら自己がデカくて強いから。だから別に威厳はいらないんですよ。今の「粗品」のビジュアルのままで無限に蓄積できて、時間が経てば経つだけ何かが起きる。だからつまり、最強なんだ。

粗品 なんやねん、その結論（笑）。

くるま いや、最強ですよ。やっぱり年は取らなくていいと思います。老化してビジュアルが変わっていくと「過去」が生じちゃうから。粗品さんはそれも含めて全部自分だと思ってるのに、周りは「過去」を今の粗品さんと切り離して考えてしまうようになるから、マイナスになる可能性があるな、って思いました。逆に僕自身に関しては、もっと老けたり太ったりいろんな変化があっていいのかなって思ってます。

粗品 へー、おもろ。そう思ってんねや。

くるま 自己を蓄積してないからこそ、「あのときのあの人」があって「今このときの味」があるっていう風に瞬間瞬間を切り取られた方がいいと思うんですよね。その瞬間瞬間に自分が帰属してるので。俺はそっちかもな、とあらためて思いました。

粗品 なるほどなぁ。ほんま変態やな、お前。お笑い悪魔や。

くるま え？

粗品 喋ることとか考えることとか、頭おっかしいな。

くるま 誰が？

粗品 おめでとう。

くるま おめでとう？

粗品 いや、嬉しいわ。ちゃんとおかしい奴でよかった。今日はありがとうな。

くるま ありがとうございました。とにかく、僕は霜降りさんが生み出した存在だということだけは忘れないでくださいね。２０１８年のＭ－１に感化されて天啓を受けてＭ－１教に入って、こうなってしまったんですから。それは覚えておいてください。

#【本文注釈】

※1 スタジオの見えづらさ

Ｍ－１に限らずテレビ局のスタジオは漫才が見えづらく、聞こえづらい環境。これらは全て各漫才師が普段出演している劇場と比べて、という意味。当然「放送に最も適したデザイン」になっているので、現場を盛り上げるための形にはなっていない。

まず客席カメラが演者を抜いたときに、お客さんが被ってしまっては論外なので、客席は舞台よりも低く設置されている。最前列は問題なく見ることができるが、座席に段差がないため後方の席だと前の頭が被って見えないこともある。そのため前の人の頭と頭の間から顔を出すような形になり、でっかい Choo Choo TRAIN に見えることもしばしば。視覚的には問題ない最前列も、舞台との間にフロア・ディレクターやガンマイクを持った音声さんの存在が意識の中に入るので１００％の集中、とはいえない状態である。特にフロア・ディレクターがインカムで怒号を飛ばしていたり、逆に飛ばされていたりするとより快適度は下がる。大きい番組であれば演者前のアリーナ席だけでなく、後方のスタンド席も設置される。高いところから見えるので視覚的にはクリアめではあるが、アリーナとの間にメインのカメラが複数台設置されていることも多く、これまた集中は厳しい。

次に舞台上のセット。劇場なら黒など単色の壁や布だが、テレビは画面映りを華やかにするために、金や赤などの豪華なものが組まれている。それによって視線が散りやすく、フィジカルな視線誘導が阻害される。舞台を縦に使う（「見せ算」の終盤、新山さんが過剰に前に出るというボケなど）と、後ろが地味なときより距離感が掴みづらく、前に出られている、という事実が伝わらない可能性がある。また、横に広く使った場合、これはセット的には問題ないのだが、ガンマイクが追いかけてきてしまうので、最前のお客さんはより意識が割かれてしまう。漫才衣装との兼ね合いも難しく、色味がスーツと似通って輪郭がぼやけたり、生地がみすぼらしく感じられる危険性もはらんでいる。

そして何より音響。劇場より天井が高く、音が反響するつくりになっていないため、地声が届きづらい。さらに本来、中心に置かれた38マイクが高い集音能力を活かして演者の声を増幅させるが、スタジオではあまり強く効かせると他の音とのバランスが悪くなってしまうため弱め、もしくは切られており、ボソッというボケなどがとにかく聞き取りづらく、不利である。しかしこういった部分は、普段から設備の整っていない環境でやっている芸人にとっては弊害になりにくく、故にＳＭＡ（ソニー・ミュージックアーティスツ）の芸人は決勝に強いのではないか、とも考えられている。

※2 準々決勝以降は会場も広く

２０１７以降、現在も準決勝の会場として使われているNEW PIER HALLは非常にスベる危険性が高く、出場者からは「魔境」と呼ばれている。原因はスタジオ同様、圧倒的な天井の高さと床の広さ。地声の通らなさ（音響さんは日頃劇場で勤務している方たちなので最大限マイクを効かせようとはしてくれる）。もちろんお笑いライブ用の会場ではなく、なんなら株主総会などを開催しているので、「モノ言う株主」からの怒号が聞こえづらくなるようにワザと音響が悪いのではないか、と噂されている。舞台もＭ－１用にこしらえた仮設のものであり、非常に軋み、また音が鳴る。動きのある漫才コント中の台詞とその音がぶつかって聞こえづらい、という事案も発生する中、漫才ユニット「おいでやすこが」のメンバーであるおいでやす小田さんは２０２０の準決勝時、叫びツッコミと同時に地団駄を踏む、という行為を連発し、舞台の軋む音と絶叫がマッチして爆笑を揺っ攫っていたため、「NEW PIER の申し子」と呼ばれている。

このカタログスペックに加え、準々決勝もNEW PIER HALLで行われていた2018〜2020は、準々決勝50組以上の4分ネタを1日で全て行うという大作戦を敢行。6時間ほどの開演時間、お客さんの疲労はすさまじく、実績組が固まる後半にならないとなかなか爆笑は起きづらい。一方大阪準々決は基本的になんばグランド花月で行われており、完璧な音響に見やすさ、そしてホーム感も相まって明らかにウケ量が異なっており、不公平ではないか、という議論もしばしば行われていたが、2021以降東京準々決はルミネtheよしもとに場所を移し、さらに日程を2日間（2022では3日間）に分けたことでかなり公平化が進んでいる。

※3　**第7世代**

霜降り明星・せいや御大がつくった言葉。演芸ブームの第1、漫才ブームの第2、テレビ番組に進出していったダウンタウンさんらの第3、「めちゃイケ」や「ボキャ天」などそのバラエティも多岐に渡っていった第4、2000年以降の賞レースとネタ番組が中心となる第5、コンプラの厳格化、小説や情報番組などネタ以外への飛躍が起きる第6、そしてダウンタウンさんの影響を受けず新しい価値観の第7、その狭間で苦しむ6.5、という構図に整理されるが、次世代への移行は「ネタの消耗加減」による。

第2での漫才、第3でのテレビコントを経て、ある程度ネタを出し尽くした、パターンが割れたことが第4でのロケ番組増加に繋がる。その1990〜2000年まで10年くらいの間でお笑いファンのメイン客層が入れ替わり、昔のネタを知らない子たちが新鮮にネタを見てくれたからこそ、第5でまた一気に火がついた。

そして正直第5〜7はだいたい一緒である。第5にはテレビを中心とした価値観があって、そこに出るための評価軸が、第4までは劇場の「人気」だったり、テレビマンの「評価」だったり、不透明だった。そこにM-1やキングオブコントなどの賞レースができたことで芸人の本分である「ネタ」を磨けば、余計なことをせずにそれだけで売れることができるようになった。それに伴ってネタ番組がたくさんできたけど本線は賞レースで、優勝できなくても何度も決勝に行けば芸人間の評価は高まるという時代。Players' Playerであることが美徳な流れ。

これが第6的な時期=2010年以降になると、M-1の終了やネタ番組の減少、毎年生まれるチャンピオンで飽和して、上が詰まってきても価値観は変わらず、「優勝してんのになんで売れない」「何回も決勝行ってんのにどうして呼ばれない」という「第4的な」不透明な厳しさに直面しながらもがいていた中で、偶然生まれた2018年の20代チャンピオンたち（濱田祐太郎さん、ハナコさん、霜降り明星さん）、そしてその周りにも20代の人気者が集まり、そこに求心力が生まれ、番組の枠が増え、またシンプルな競争が始まったということで、結局は「賞レースの時代」なのである。賞レースに取り組みつつも冬の時代を耐えた第6組はセンスとハングリー精神を兼ね備え、今のテレビ界をリードしている。

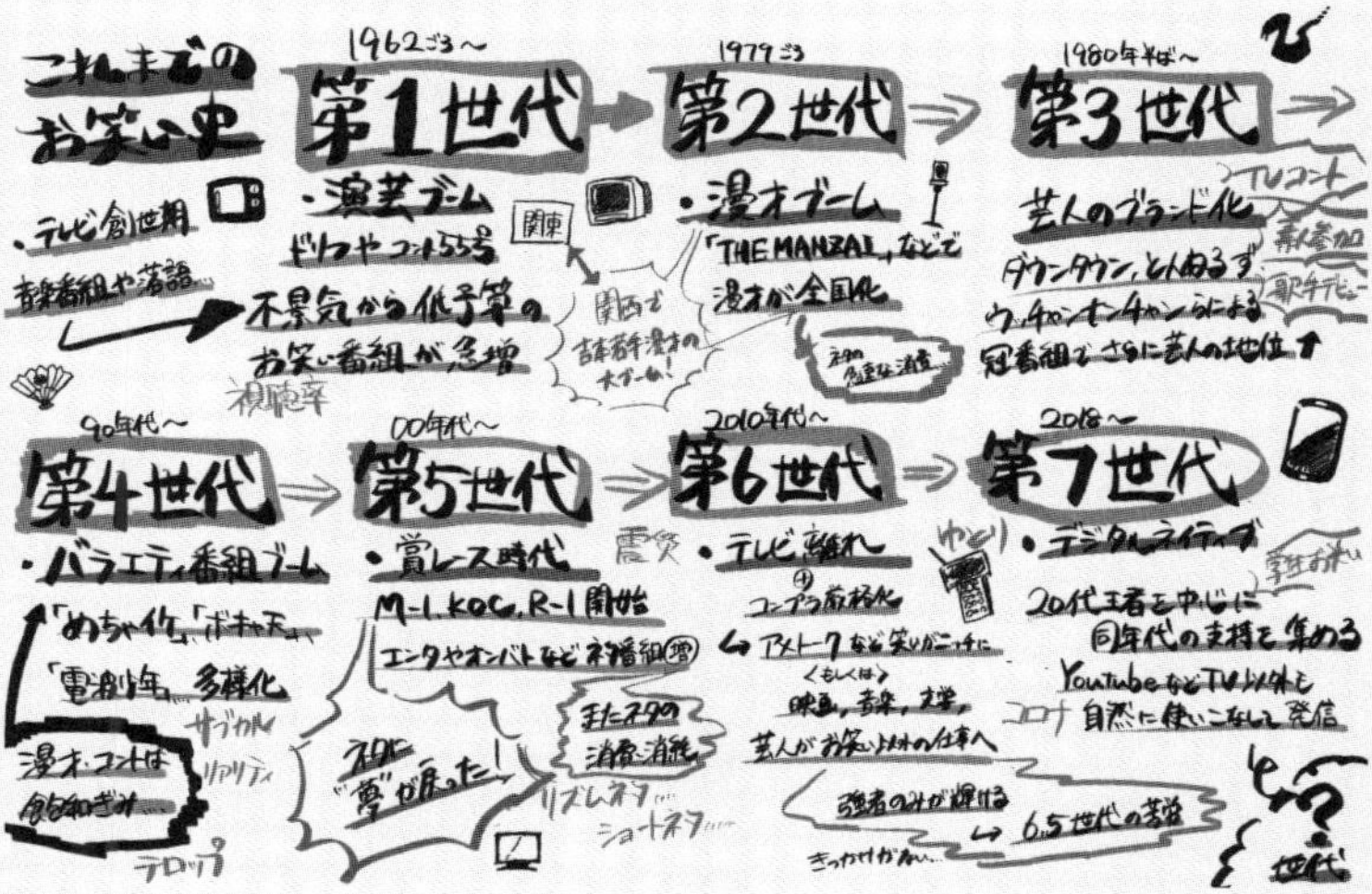

（参考：Wikipedia「日本のお笑い史」https://ja.wikipedia.org/wiki/日本お笑い史）

※4 漫才か漫才じゃないか論争

「一人がずっと寝っ転がっていて会話に見えないから」漫才じゃないんじゃないか、コントなんじゃないか、という指摘が転がった出来事。実際38マイクさえ挟んでいれば、その上で過度な小道具を用いらなければ、照明や音響を使わなければ、漫才である。この説明は芸人なら誰しも口にしたことがあるものであり、その度に「へ〜そうなんだ、でさ！」と話題チェンジされるという被害に遭っている。ラグビーとアメフトの違いを説明するときくらい不毛な時間だ、とも言われている。

そういった現場で反撃してみたくなったときに使うと効果的なのが、次の例文だ。

「あー漫才とコントね！　一緒に見えるよね！　まあ一緒みたいなところもあるんだけど、根本的に違うのは漫才は『おしゃべり』でコントは『お芝居』なんだよね！　漫才は出てきた演者が、本人としてお客さんに向かって話すけど、コントはその役になり切ってそのお芝居を見てもらうって感じなんだ！　あくまで今分かりやすく説明するために言ったけど、お芝居とコントを一緒にすると怒る人もいるから気をつけてね！　よく、甲殻類を持ってる人とかね！　うん、そうだよね！　漫才だけどお芝居してる人たちもいるよね！　それは『漫才コント』ってやつだ！　いきなり意味分かんないワードだよね、『カレギュウ』みたいだもんね！　これを『コント漫才』と言う人もいるんだ！　大阪の人は『コント漫才』と言うんだ、これはあくまで漫才が基準になってるからだろうね、この価値観は違いを理解する上ですごく重要で、漫才は上方で生まれ、コントは江戸で生まれたということに起因してるのかな。とにかく僕は関東人だから『漫才コント』と呼んでるんだけど、あれは『漫才の中でコントに入ってる』から漫才なんだよね。漫才衣装から着替えたりすることなく本人が何かを演じる、もしくは本人が本人のままで何かのシチュエーションに入る、だから漫才。そうだよね、じゃあコントでやればいいじゃんって話だよね。それはね、本当にそうって意見もあるよ。本当にそうな部分はあるんだけど、でもね、漫才コントならではのメリットってあって、コントは最初から役に入ってるから、その役の面白さとシチュエーションで笑いを取るけど、漫才コントはいったん漫才として出てきて普通に話してる時間があるから、その人の『人となり』＝『ニン』をフリにして役に入ることで笑いの飛距離を稼げるよね。ごめん！　一気に言いすぎた！　例えばアンタッチャブルさんはさ、登場してまずザキヤマさんが明るいお調子者だよーってところを見せて、そのキャラが結婚の挨拶とかの真剣なシチュエーションに現れたらこんなことしちゃうよねーって感じ。これがコントで明転していきなりザキヤマさんがボケたら、情報量多すぎるのよね！　今となっちゃみんなザキヤマさんがこういう人って分かってるから今なら成立しちゃうけど！　根本的には漫才コントは漫才コントのために作られてるから、そのままコントにするとちょっと違ってきちゃうのよ。あえて登場時のキャラとズレをつくることもあるよ！　和牛の川西さんやマユリカの中谷さんは普通な感じのツッコミとして喋っていたのに、女性役のコントに入ったら急にキャラが変わるの！　それも漫才コントならではのテクニックだよね！　僕が個人的に思う漫才コント最大のメリットは『演じ分け』だね！　複数のキャラを1人が演じるのは漫才コントの醍醐味！　コントだったら基本途中で役変わることできないもんね！　技術も要するけどそれだけ見てる人の予想を裏切れるからすごい威力を誇るんだ！　でも1人が何人もやることによって『会話性』は落ちるから漫才としてはどうなんだ、とかは言われちゃうから気をつけてね！　2人が会話してないと漫才に見えない人もいるからさ！　友達と2人でいるとき、とにかく喋り合う人はその延長である『しゃべくり』が自然に見れるし、2人のときだけのノリ、ふざけ合いとかする人はさ、会話になってないような漫才でも『これもこれで2人の時間としてあるよなあ』って理解ができるよね！　世代とかもあんのかな、今はずっと喋るよりお互いのスマホから写真とか動画見せ合ったりするもんね、その2人の過ごし方のベースが多様化してる分、その発展系である漫才も膨らんでいくんだろうね！　起きて！　一方、コントってのはとにかく視覚的に自由！　セットはもちろん、衣装やメイクでビジュアルを好きに設定できる！　そのビジュアルとギャップのあるキャラや発言にすることもできる！『なんて日だ！』は聞いたことあるよね？　バイきんぐさんのあのネタのタイトルは『娘の帰省』っていうんだけど、あれはまさにビジュアルと実際をズラすことで『娘がおじさんの風貌になって帰ってきた』というフィクションを成立させてるよね！　漫才でやっちゃうとどうしてもツッコミの共犯性が強くてリアリティに欠けたりするもんな！　あと究極『ボケ』てなくていいからね！　というかボケないのがカッコいいまである個人的には！　ある設定の中で、そのキャラ同士の自然な会話だけど、外の世界から見ると違和感がアリアリで笑える、ってのがコントにしか出せない凄みなんだよ！　ビスケットブラザーズさんとかは意外とそこをとてもきっちりつくり込んでいるよ！　かが屋さんなんかもボケらしいボケがない故『日常切り取り師』という二つ名まで持ち合わせているんだ！　すげーよな！　他にも音響、照明、出オチとか何でもあり！　だからこそ、その膨大な可能性をコントとして成立する範囲に詰めなきゃいけないムズさがあるよな！　だってやっぱり映画やドラマをベースに観劇されてしまう以上、お客さんが理解できるストーリーやキャラクターには限界があるんだから！　逆に漫才は2人の即興会話っていう限定的なルールからいかに軽やかに外れるか、お客さんの予想を裏切れるかってところの勝負になるわけだよね！　要は『ルールから逃げる脚力』が必要なのが漫才で『ルールに抑え込む腕力』が必要なのがコントって感じ！　脚力っていってもさ、横移動というか縦に飛び上がって天高く舞う感じ？　あとさ、ってぅわ！　終電大丈夫!?　もうないか！　了解!!　始発まで行くぞー！」

※5　ネタの調整

賞レース前に舞台でネタを試すことで、どこがウケやすいのかを確認する作業。ネタを「叩く」とも言う。刀みたいでカッコいい。またネタを「かける」と言う人もいる、それは芝居や興行の言い方。

調整の流れとしては、まず完全に新ネタをつくり、それを単独ライブや新ネタ縛りのライブで披露する。そのネタが自分たちにとってお気に入りだったり、ウケがよかったりしたら他のライブでも披露、そこでもさらに手応えがあれば「勝負ネタ」として記録し、それを様々なライブに回していく。その際、全く同じ内容でやってもしょうがないので、特に面白いところは残して他のワードを変えてみたり、その前後の展開ごといじってみたりする。徐々にスタメンが定まっていき、本番まで不安なところが少しでもなくなるように努める。

一般的に漫才コントよりしゃべくりの方が調整が難しいと言われている。漫才コントはウケなかった大喜利を入れ替えれば済むが、しゃべくりは会話の流れなので丸ごと台詞を入れ替えなければならなかったりする。例えば「コンビニ」というテーマの漫才コントで、店員がボケでお客さんがツッコミの場合、「支払い方法のボケ」を変えたいときは、ひたすら「これで支払ったら面白いかな」を考えて各舞台でやればいいが、「昔働いてたヤバいコンビニを語る」というしゃべくりで同じく「支払い方法のボケ」を変えたければ、「これで支払ったら面白いし、前後の話の文脈的にも突飛すぎないよな」というところまで考えなければいけない。

だから漫才コント師はしゃべくり漫才師を尊敬している節がある。反対にしゃべくり漫才師も漫才コント師の表現力、演技力を尊敬している節がある。お互い尊敬し合っていていい関係だ。カッコいい。

どちらのネタも、目がけている本番で使う劇場と同サイズの舞台で調整する必要がある。キャパ50の会場でウケる「顔芸」はキャパ500のルミネだと遠くて見えない可能性が高い。逆にキャパ1000のホールで伝わるようにやってる発声は、キャパ300の会場だとスピードが遅く感じる可能性も生じる。だから劇場を持たない事務所の芸人で、大きいキャパの会場に立ったことないのにいきなり本番でウケる芸人は吉本芸人から「天才だ」と思われるし、普段は大会場での寄席に立つことが多い芸人が小さな劇場でもしっかりお笑いファンにハマっていると「やっぱりすごいな」と思われるものだ。どっちもカッコいい。

※6 賞レースでいいところまで行く

M－1、キングオブコント、R－1、THE W……どれも優勝すれば確実に寄席に呼ばれる。微妙なのがファイナリスト。M－1は確実に呼ばれる。それはやっぱり吉本って漫才の会社だから、というだけではなく、漫才は小回りがきくから。トップバッターを飾って前説的な動きもできるし、大トリで構え、ライブ全体が予定時間より巻いてたら長めに、押してたら短めにネタをやることで尺の調整役も担うことができる。東京や大阪の寄席であれば、寄席の合間に別の劇場の寄席に行ったり、収録が入ったりする組も多いので、リハーサルも着替えもいらず、すぐ次の仕事に向かえることも重要。またセットや小道具の用意もいらないため、劇場への負担も少ない。まさにエコな演目、漫才。

ということは逆に、コントで出演しているコンビやピンは、こんなにデメリットがあるのに出ているということ、面白いから。本当にすごい。コントの前にひとこと自己紹介してからネタを始めるコンビなども多い、そのレアな姿を求めて寄席にわざわざ出向くファンもいるとかいないとか。

若手のうちに寄席に出ることができれば、キャパの大きいところでの笑わせ方が身につき、さらに賞レースの予選でも落ち着いた戦いができるようになるので早ければ早い方がいいとも言われている。

※7　営業

NEW PIER HALLよりも魔境。多いのは企業や自治体のイベントでの漫才。客層は寄席であり、かつ無料で来場しているケースが多いので、かなりテンションが低いことが往々にして発生する。会場がお笑い用の劇場ではないのはもちろん、マイクが38ではなくカラオケにあるようなマイクの場合あり。そうなると単一指向性のため、1人分の音しか拾わない。もう1人はチャップリン状態。それぞれがカラオケマイクを有線で持たされる場合はどうしても片手が塞がっているため動きを使った漫才がやりづらく、言葉中心のネタ選びをしがちだが、動き中心じゃないと分かりづらくてウケないので、実質マイクを渡された時点で詰んでいるのである。

客席のテーブルが円卓だった場合もゲームオーバー。半分以上は背中を向けるし、私語も増えてしまうため致死率がかなり上昇する。それでも未だに芸人に営業依頼が舞い込むのは、くまだまさし大将軍のような「無敗の男」が芸人の信頼を勝ち得続けているからである。厳密には「枯山水の前」でだけ敗れたことがあるそうだ。

くまだ将軍から教わったのは「いや先生（くまださんは後輩のことも「先生」と呼ぶ）、とにかくお客さんは前に集めなきゃダメですよ」ということ。本ネタ時間を減らしたとしても、遠くに散らばってる子どもたちなどを自分の目の前にかき集め、小さい劇場をつくってから戦いに出るそうだ。寄席よりさらにブレやすい営業の視線を強制的にロックして、まさに将軍の戦い方である。実際かなり効果があり、視線だけでなく、集まってない後ろのお客さんにも「何かやってんのかな?」という注意を与えることもできる。するとすこしリスペクトをもらうことができ、アルコールが入っている方にも大声おしゃべりを少なめにしてもらえたりするのだ。

沖縄のビーチでオールスタンディングのパリピたちが集まってるステージで漫才をすることがあるが、もちろん全員がスミノフの瓶を持っているため、細心の注意が必要だ。歌ネタをやってしまうと「お笑い」だと認知されず「みんなでback numberを大合唱するだけの時間」になってしまう危険性もあるが、それはそれで盛り上がってるから別にいいのである。

おわりに

お疲れ様でした。僕も疲れました。2023年3月に連載のお話をいただいて、そこから6回ほど不定期にWEB掲載しました。M-1優勝を機に、ぜひ書籍化を！　という大変嬉しいお話をいただいて、ありがたい！　これで俺っちも「センセイ」と呼ばれるんだいっ！　と思っていたのですが、気がついたら9割書き直して書き足してしまいました。意味が分かりません。これは「書籍化」というのでしょうか。異例らしいんですけど、全く意味のない異例だと思います。

全く意味のない異例、まさに僕のキャッチコピーですね。なんか他の芸人とは違うことはたしかなんですよね、多分。ただ違うから何なんだよ、という。どういう役に立つんだよ、という。その不透明性が周りを怖がらせ、遠ざけている現状、それを文章化すると、こんなことになるんだという感じですよね。そんな自分を認めてほしい、とか理解してほしい、とかはあんま思わないんですけど、かといってその個性を示さずに生きているのも命の無駄遣いな気がしてそれは許せなくて、とりあえず一冊にしてみました。

新書っぽく書いてみて全部消して、自分が考えている過程と飛躍していく論理を体感してもらえたらいいなという流線形に落ち着きました。これは「過剰」な考察なんですけど、お笑いに対する考察なんて全て「過剰」なんですよ。でももうみんな黙っててくれないから、正式な「過剰」を叩き出すことで、全ての考察を「過剰の空」に巻き上げてお笑いの大地を綺麗にしてやりたかったのです。どうか健やかに、お笑いをお楽しみください。

普段語らないお笑いの対談を受けていただいた粗品さん。印刷所に入稿しなければならないギリギリのギリギリまで僕の無茶に付き合ってくれた編集の宮原さん。僕が認識していないだけで多分迷惑をかけている全てのみなさん。

本当にありがとうございました。

2024年10月

令和ロマン・髙比良くるま

※本書は辰巳出版WEBマガジン「コレカラ」の連載
「令和ロマン・髙比良くるまの漫才過剰考察」の内容
に大幅に書き下ろしを加え、再構成したものです

撮　影	北原千恵美
ヘア＆メイク（カバー）	鎌田真理子
取材（インタビュー、対談）	斎藤岬
デザイン	佐藤亜沙美
編　集	宮原万由子
協　力	吉本興業株式会社

漫才過剰考察

2024年11月10日　初版第1刷発行
2025年2月1日　初版第6刷発行

著　者　髙比良くるま
発行人　廣瀬和二
発行所　辰巳出版株式会社
〒113-0033
東京都文京区本郷1丁目33番13号 春日町ビル5F
TEL　03-5931-5920（代表）
FAX　03-6386-3087（販売部）
https://www.TG-NET.co.jp
印刷・製本　中央精版印刷株式会社

ISBN978-4-7778-3118-0